前言

　　对于任何一个国家和民族而言，创新都有着十分重要的影响，它是实现国家发展、民族振兴的前提基础。创新精神是中华民族优秀传统文化的精髓，是我们民族最鲜明的禀赋，也是任何时代都不可缺少的精神特质。创新是我们步入新时代的通行证，是中国实现"两个一百年"奋斗目标的坚强保障，是实现中华民族伟大复兴中国梦的强大支撑。

　　党的十八届五中全会指出，"坚持创新发展理念，必须把创新摆在国家发展全局的核心位置"。以创新为支点，撬动科技、文艺等各项事业的发展，可以有效解决人民日益增长的美好生活需要和不平衡不充分的发展之间的矛盾。创新是艺术的生命，文艺的创新发展让其在历史的长河中奔流不息，滋润人们的心田。作为一名艺术学习者，我们可以通过有意识的训练激活我们庞大的思维系统，让我们有无数想象的空间。根据我们每天所接收到的信息量激活我们创新的细胞，让自己行走在成为一名优秀的表演艺术家、成为一名优秀的艺术设计者、成为一名优秀的艺术创作者的道路上。

　　本书从职业教育创新思维与创新方法训练的角度出发，在吸收、借鉴其他先进教研成果的基础上，通过引入、案例、体验与训练等环节，认识创新思维、突破思维定式，力求使读者能够体验创新、创造的魅力，训练创新能力与提升创新素质，最终达到提高综合创新能力的目的。本书共分为创新引领未来、思维决定行动、新时代创新思维、践行创新思维方式、TRIZ 点燃艺术创作、创新艺术达人、创新驱动创业七个单元。每个单元分成若干个项目，从理论到实践，力求深入浅出，让读者能从中受益，拥有并提高创新能力，成就自己的艺术人生。

本书由湖南艺术职业学院周新娟、石颖担任主编，周新娟负责单元一的编写，石颖负责单元二的编写，周艳负责单元三的编写，雷姣负责单元四的编写，黄丽玲负责单元五的编写，骆龙磊负责单元六的编写，黄峰负责单元七的编写。

由于编者水平有限，书中不足和疏漏难免，敬请读者批评指正。

本书编写组

2020 年 7 月于松雅湖畔

创新
点亮艺术人生

主　编◎周新娟　石　颖
副主编◎周　艳　雷　姣　黄丽玲
　　　　骆龙磊　黄　峰

中南大学出版社
www.csupress.com.cn

长沙

单元一　创新引领未来

项目一　创新无处不在 ·· 3

一、创新的内涵 ·· 3

二、创新的哲学内核 ·· 4

三、创新要素 ·· 4

四、我们身边的创新 ·· 5

五、实践与思考 ·· 7

项目二　新时代呼唤艺术创新 ·· 8

一、世界认识中国的需要 ··· 8

二、解决社会主要矛盾的需要 ·· 10

三、新时代青年责任担当的需要 ··· 11

四、文明古国之神韵 ·· 12

五、实践与思考 ·· 14

项目三　张开双臂拥抱创新 ……………………………… 15

一、创新大家族 …………………………………… 15

二、创新的源泉 …………………………………… 17

三、实践与思考 …………………………………… 20

单元二　思维决定行动

项目一　大家眼中的思维 …………………………………… 23

一、什么是思维? ………………………………… 23

二、思维方法 ……………………………………… 24

三、实践与思考 …………………………………… 26

项目二　我们的思维惯性 …………………………………… 27

一、什么是思维定式 ……………………………… 27

二、思维定式的主要特征 ………………………… 28

三、思维定式的表现方式 ………………………… 28

四、思维定式的作用 ……………………………… 29

五、实践与思考 …………………………………… 30

项目三　思维问题的转化 …………………………………… 31

一、什么是思维问题的转化? …………………… 31

二、思维转换,创意生活 ………………………… 32

三、实践与思考 …………………………………… 34

单元三　新时代创新思维

项目一　互联网思维 ··· 37

　一、互联网思维的界定 ·· 37

　二、互联网思维改变人的思维 ·· 40

　三、互联网思维的战略与战术 ·· 43

　四、实践与思考 ··· 47

项目二　大数据思维 ··· 48

　一、全样思维 ·· 49

　二、容错思维 ·· 50

　三、相关思维 ·· 51

　四、实践与思考 ··· 52

单元四　践行创新思维方式

项目一　发散思维与收敛思维 ··· 57

　一、发散思维 ·· 57

　二、收敛思维 ·· 60

　三、发散思维与收敛思维关系 ·· 61

　四、实践与思考 ··· 62

项目二　正向思维与逆向思维 ································· 64

一、正向思维 ················· 64

二、逆向思维 ················· 65

三、正向思维与逆向思维关系 ················· 67

四、实践与思考 ················· 67

项目三　纵向思维与横向思维 ································· 69

一、纵向思维 ················· 69

二、横向思维 ················· 71

三、横向思维与纵向思维的联系与区别 ················· 72

四、实践与思考 ················· 72

单元五　TRIZ 点燃艺术创作

项目一　结识朋友 TRIZ ································· 79

一、TRIZ 是什么？ ················· 79

二、TRIZ 的核心思想 ················· 80

三、发明的五个等级 ················· 80

四、实践与思考 ················· 84

项目二　你需要了解 TRIZ 的一些主要概念 ································· 86

一、最终理想解（IFR） ················· 86

二、矛盾 ················· 88

三、实践与思考 ……………………………………………… 89

项目三　TRIZ 常用的两种创新方法 ……………………… 91

一、九屏幕法 ………………………………………………… 91

二、40 个发明原则 ………………………………………… 96

三、案例 ……………………………………………………… 116

四、实践与思考 …………………………………………… 136

附录　TRIZ 发展的时间顺序 ……………………………… 136

单元六　创新艺术达人

项目一　认识类比创新方法 ……………………………… 141

一、类比思维过程 ………………………………………… 141

二、类比法的哲学意涵 …………………………………… 141

三、类比型创新方法的分类 ……………………………… 142

四、实践与思考 …………………………………………… 149

项目二　灵活运用综摄法 ………………………………… 150

一、综摄法含义 …………………………………………… 150

二、灵活运用综摄法的步骤 ……………………………… 152

三、思考原则 ……………………………………………… 154

四、实施要点 ……………………………………………… 154

五、实践与思考 …………………………………………… 155

项目三　用好其他类比创新方法 ⋯⋯⋯⋯⋯⋯⋯⋯⋯ 156

一、引申类比型技法 1——原型启发法 ⋯⋯⋯⋯⋯⋯ 156

二、引申类比型技法 2——移植法 ⋯⋯⋯⋯⋯⋯⋯ 157

三、引申类比型技法 3——仿生法 ⋯⋯⋯⋯⋯⋯⋯ 158

四、实践与思考 ⋯⋯⋯⋯⋯⋯⋯⋯⋯⋯⋯⋯⋯⋯ 159

单元七　创新驱动创业

项目一　创新是创业的基石 ⋯⋯⋯⋯⋯⋯⋯⋯⋯⋯ 164

一、创业类型的分类 ⋯⋯⋯⋯⋯⋯⋯⋯⋯⋯⋯⋯ 164

二、创新与创业的关系 ⋯⋯⋯⋯⋯⋯⋯⋯⋯⋯⋯ 175

项目二　成长在创业路上 ⋯⋯⋯⋯⋯⋯⋯⋯⋯⋯⋯ 178

一、创业的基本要素 ⋯⋯⋯⋯⋯⋯⋯⋯⋯⋯⋯⋯ 178

二、创业者的基本素质与能力要求 ⋯⋯⋯⋯⋯⋯⋯ 185

三、创业项目的选择 ⋯⋯⋯⋯⋯⋯⋯⋯⋯⋯⋯⋯ 189

项目三　政策成就创业梦想 ⋯⋯⋯⋯⋯⋯⋯⋯⋯⋯ 197

一、工商注册 ⋯⋯⋯⋯⋯⋯⋯⋯⋯⋯⋯⋯⋯⋯⋯ 197

二、创业贷款 ⋯⋯⋯⋯⋯⋯⋯⋯⋯⋯⋯⋯⋯⋯⋯ 199

三、税收减免 ⋯⋯⋯⋯⋯⋯⋯⋯⋯⋯⋯⋯⋯⋯⋯ 201

四、培训指导 ⋯⋯⋯⋯⋯⋯⋯⋯⋯⋯⋯⋯⋯⋯⋯ 202

参考文献 ⋯⋯⋯⋯⋯⋯⋯⋯⋯⋯⋯⋯⋯⋯⋯⋯⋯ 206

创新引领未来

单元导入案例

艺术的生命在于创新

我国著名画家齐白石，本是个木匠，靠着自学成为画家，荣获了国际和平奖。面对已经获得的非凡成就，他没有骄傲地躺在成绩簿上，而是给自己设定更高的目标，在他眼里，艺术没有最好，只有更好。他不断汲取历代画家的长处，对自己作品的风格进行不断地改进。

齐白石的一生，曾五易画风，耄耋之年仍坚持创作，晚年时的作品比早期的作品更为成熟，形成了自己独特的风格与流派。

齐白石先生时常告诫弟子："学我者生，似我者死。"为什么这么说呢？他认为画家要"我行我道，我有我法"。换言之，就是在学习别人长处时，千万要注意不是全盘地照搬照抄，可以前期进行模仿，但一定要创新性地继承，创造性地运用，唯有如此才能不断发展，才会赋予艺术鲜活的生命力。

项目一 创新无处不在

　　创新是引领发展的第一动力。"一年之计，莫如树谷；十年之计，莫如树木；终身之计，莫如树人。"要在全社会大力营造勇于创新、鼓励成功、宽容失败的良好氛围，为人才发挥作用、施展才华提供更加广阔的天地，让他们人尽其才、才尽其用、用有所成。

——习近平

一、创新的内涵

　　创新在古汉语中也称为"剙新"。《南史·后妃传上·宋世祖殷淑仪》："据《春秋》，仲子非鲁惠公元嫡，尚得考别宫。今贵妃盖天秩之崇班，理应创新。"有"创立或创造新的"之意。

　　简言之，创新是以现有的思维模式提出区别于常人的思路和常规的见解为导向，充分利用已有的知识和条件，在特定的环境中，为满足美好生活需求和理想化需要所进行的系列活动，包括创造新的事物、发明新的方法、挖掘新的元素、探索新的路径、创设新的环境，且能获得一定效益的行为。

　　创新涵盖政治、经济、军事、文化、科技等众多领域，可以分为科技创新、文化创新、艺术创新、商业创新等等。从现有创新发展看，创新集中体现在学科领域、行业领域和职业领域三大领域，具体表现为知识创新、技术创新和制度创新。

二、创新的哲学内核

1. 物质的发展。创新是对于实践范畴的创造新事物，任何有限的存在都具有无限再创造的可能。

2. 创新的核心是矛盾。矛盾无处不在，是物质的本质与形式的统一。我们在解决物质的具体存在与存在本身的矛盾中创造新事物。

3. 人是自我创新的结果。创新创造是人对于自然的否定性发展，是超越自然实现自觉自我的一条基本路径。创新是人的自我否定性发展，是人的内在自觉与外在自发构成的内在和外在必然的差异。

4. 自我发展的基本路径。积累和创新行为共同构成了一个矛盾发展过程。创新是对重复、简单方式的一次又一次的否定，是对人实践范畴的螺旋式超越。

人们一直致力于有广度、有深度的认识和思考我们所处的世界，将其作为一种生活日常贯穿于具体实践中，我们对认识包括肯定和否定，在肯定之否定与否定之肯定中，前者处于一个从认同到批判的阶段，后者处于永恒的自我批判阶段，因而创新永远在路上，没有止境。

三、创新要素

1. 创新目的。创新是为满足需求和需要。满足个人的衣、食、住、行等方面和对美好生活的向往的需求和需要，满足社会和团体在经济发展、运营管理、应用技术、构建和谐社会等方面的需求和需要。

2. 创新主体。创新的原动力和主体是人，可以是具有创新潜能的自然人，可以是具有创新能力和创新体系建立的团体和组织。

3. 创新客体。创新是一个动态过程，是不断拓展和改变客观世界（包括人）认知和行为的活动。创新的客体是客观存在的，包含自然界、人类社会和人自身的思维方式。

4. 创新核心。突破常规，在已有基础上将需求和需要的满足程度向前推进发展，其核心是创新思维，即思维的方式向有益于满足需求和需要的方向改变，具有自主自觉性。

5. 创新关键。事物的变化发展都是从量变到质变的过程，无论是在量变还是在质变的过程中都有创新，分为量的突破和质的突破，突破是创新的关键。突破不是创造全新的事物，不是发明全新的技术，不是拥有全新的方法，是在已有基础上融入新元素，是在原有形式上进行改变，是在原有体系框架内进行优化，只要满足了人类某些需求和需要即实现了创新。

6. 创新结果。创新的最终成果分为物质性和非物质性的。物质性如产生的新产品、新作品，非物质性如新理念、新观念、新思想。

四、我们身边的创新

茶壶 茶素材 汀壶 （2019 德国红点最佳设计奖）

制造商：茶素材生活研究所，中国北京

设计：庄景阳，刘芳，联合设计实验室，Keren Hu，丁凡，方建平，李宇，中国北京

创新设计：经典提梁结构，壶放落时，顺手一按即可开启

垃圾桶 布拉格街道家具 **（2019 德国红点最佳设计奖）**

制造商：布拉格市，捷克

设 计：Olgoj Chorchoj Studio，Ales Kachlik，MichalFroněk，Jan Nemecek，捷克

创新设计：这款垃圾桶表面凹凸的设计，可以防止街头涂鸦和小广告，特殊材质也非常耐用。

资料来自 http://www.ugainian.com/news/n - 7309.html

创意让生活更美好

五、实践与思考

校园随手拍。发现校园内的创新事物，用手机等摄影摄像器材随手拍下，与大家分享。

📖 知识拓展

红点设计大奖一直有"设计界的奥斯卡"的美誉，是全球工业设计和发展趋势的风向标。2019 共有来自 55 个国家超过 5500 件作品参与评选，评审团队由 40 名专家组成，最终只有 80 件作品获得"最佳设计奖"（Red Dot：Best of the Best），获奖率仅为 1.45%。

项目二　新时代呼唤艺术创新

　　文艺创作是观念和手段相结合、内容和形式相融合的深度创新，是各种艺术要素和技术要素的集成，是胸怀和创意的对接。要把创新精神贯穿文艺创作生产全过程，增强文艺原创能力。要坚持百花齐放、百家争鸣的方针，发扬学术民主、艺术民主，营造积极健康、宽松和谐的氛围，提倡不同观点和学派充分讨论，提倡体裁、题材、形式、手段充分发展，推动观念、内容、风格、流派切磋互鉴。

——习近平

一、世界认识中国的需要

　　中国向各国提出"丝绸之路经济带和 21 世纪海上丝绸之路"倡议，简称"一带一路"倡议，旨在打造世界命运共同体，通过各国在经济、文化、政治等方面的交流合作，实现互联互通，造福沿线国家和地区。战略切合国际社会发展趋势，基于经济全球化、区域合作不断加强的大时代发展背景，得到了国际社会的积极响应，"一带一路"倡议的成员参与队伍逐渐壮大。"一带一路"是中国发展的必然产物，体现了中国智慧，向全世界展示了中国是一个负责任的发展中的大国形象，彰显了以习近平同志为核心的中国领导人正确清晰地把握国际政治格局，实现了中国外交的华丽转身。

　　国际社会对中国的关注度越来越高，越来越多的国家期望走近中国、认识中国、熟悉中国，与中国成为战略合作伙伴。中国文化为各国提供了了解中国的平台和窗口，更多的了解与熟悉也将有力地推动中国文化的发展。中国文化博大精深，具有海纳百川的包容性，在延绵不断的五千年文明发展中，与外来文化碰撞的同时兼容并蓄。通过中国的新闻发布会，通过官方推介，通过来中国实地观光、旅游，亲身感受，通过中国留学生、海外华侨的介绍，通过贸易合作往来等途径和方式对中国的了解是有限的、不全面的。想知道中国人的世界观、人生观、价值观，想知道中华民族的民族特性，想知道中国人的思维方式、历史文化传承、生活习惯、民间习俗，想用大数据分析中国人的喜怒哀乐，想知道中国人对历史的看法、对未来的展望等，有一种最好的也是最有效的方式——文艺。

文艺无国界。包含诗歌、戏剧、小说和散文的语言艺术，包含舞蹈和音乐的表演艺术，包含书法、绘画、雕塑的造型艺术，包含曲艺、戏曲、戏剧和电影的综合艺术等在内的文艺，在各国及人民的了解交流中发挥着重要且不可替代的作用。一台折子戏、一部小说、一首词、一首诗、一篇散文、一部话剧、一幅画、一幅书法作品、一张照片、一部电影、一首音乐、一部电视剧、一部纪录片等，为他国和他国人民提供一个独特的视角了解中国和中国人民，都以它们的独特魅力去诠释中国文化，去传承传播中国文化。作品中所蕴含的思想情感，以无形的力量去吸引人、感染人、打动人。戏曲、民族音乐、书法和国画是中国文化的瑰宝，是中国对世界的一张精美文艺名片，是外国人了解中国的重要文艺窗口。

中国正处于百年未有之大变局，时代需要具有中华民族共同的价值追求的青年一代，勇于实践创造新文化，创作出源于人民、为了人民、属于人民的优秀作品，努力践行习近平总书记所说的："要讲好中国故事、传播好中国声音、阐发中国精神、展现中国风貌。让外国民众通过欣赏中国作家、艺术家的作品来深化对中国的认识、增进对中国的了解。要向世界宣传推介我国优秀文化艺术，让国外民众在审美过程中感受魅力，加深对中华文化的认识和理解。""主动讲好中国共产党治国理政的故事、中国人民奋斗圆梦的故事、中国坚持和平发展合作共赢的故事，让世界更好了解中国。"这种主动需要新时代青年将青春责任扛在肩上，激发文化自身发展的内在动力，积极实践以进行文化创新。

以中国文艺为使者，诠释"国之交在于民相亲，民相亲在于心相通"的哲理，传播中华文化，推动文化交流，增进中外情谊，共绘丝路蓝图。

二、解决社会主要矛盾的需要

中国特色社会主义进入了新时代，我国社会主要矛盾已经转化为"人民日益增长的美好生活需要和不平衡不充分的发展之间的矛盾"。伴随着经济社会的快速发展，人们在丰富物质生活的基础上更注重精神生活的需求，注重生活品质的提高。艺术来源于生活，是对生活的艺术再加工，植根于人民的艺术作品是人民的精神支柱。艺术"举精神之旗、立精神支柱、建精神家园，都离不开文艺"。

对美好生活的品鉴标准是基于人民的艺术品鉴力。艺术涵盖音乐、美术、舞蹈、戏剧、影视、表演等范畴，与人民的生活密不可分，陶冶人民的情操，是满足人们精神需求的意识形态。艺术时刻影响着人们的生活，如一首欢快的乐曲可以让听者愉悦，一首悲伤的乐曲可以让人瞬间情绪低落。"兴于诗，立于礼，成于乐。"（《论语》）司马迁指出："海内人道益深，其德益至，所乐者益异。满而不损则溢，盈而不持则倾。凡作乐者，所以节乐。君子以谦退为礼，以损减为乐，乐其如此也。以为州异国殊，情习不同，故博采风俗，协比声律，以补短移化，助流政教。天子躬于明堂临观，而万民咸荡涤邪秽，斟酌饱满，以饰厥性。故云雅颂之音理而民正，嘄噭之声兴而士奋，郑卫之曲动而心淫。及其调和谐合，鸟兽尽感，而况怀五常，含好恶，自然之势也？"（《史记·乐书》），当人们生活或事业中遇见不顺心时、睡眠不好时、心理出现问题时，可以通过音乐疗法在生理和心理两个方面进行调试，音乐的重要性可窥一斑。

艺术可以增强人们的审美意识和生活情趣。通过鉴赏优秀的艺术作品，如《清明上河图》，人们不得不由衷地称赞古代画家创作技法的精湛。北宋画家张择端在五米多长的画卷里，共绘了数量庞大的各色人物，牛、骡、驴等牲畜，车、轿、大小船只，房屋、桥梁、城楼等，体现了宋代建筑的特征。人仿佛穿越时空，走进历史，行走在繁闹的街市，感受市井生活。《清明上河图》虽然场面热闹，细细品鉴，却发现在繁荣市景的背后，同时还是一幅隐藏着忧患意识的"盛世危图"，官兵懒散税务重，让人深思。

观看影片《十八洞村》，我们看到了扶贫政策实施过程中的实效，感受到身处湘西乡村精准识别的贫困户，面对贫穷现状，虽他们心态各异，但内心深处那份对改变命运的期盼却是相同的。在扶贫工作队的帮扶下，山民们不仅生活脱贫，也完成了精神上的脱贫，山民们的思想观念和生活方式发生了巨大的改变。影片不显山不露水地体现了社会主义制度的优越性，人民对党和政府及社会各界的感恩之情溢于言表。

在对优秀艺术作品的鉴赏实践中，一定是基于鉴赏者已有的生活阅历和生活经验。在鉴赏过程中，激发了人对文艺活动的爱好和兴趣，在舞蹈及艺术体操的实践中增强了自身的身体素质和身体协调性，不良情绪有了排泄的窗口，心理适应能力和应变能力得到提高，更加热爱生活。人们不自觉地受到美的熏陶，熟悉掌握艺术的基本知识和规范。在艺术鉴赏中激发对文明历史发展脉络的探寻，自觉提高自己的文学修养和知识储备。艺术作品的创作都可以在生活中找到原型，人们在鉴赏过程中，透过作品逐步具备敏锐的观察力、想象力和审美理解力。同时启迪智慧，提高人们的创新能力，在艺术品鉴实践中，眼观耳听脑思身动，从形象思维的训练上升到逻辑思维的训练的过程。

创新是解决不平衡不充分矛盾的重要手段。为人民而创新，为人民创作艺术作品。正如全景式地表现中国当代城乡社会生活的长篇小说《平凡的世界》的作者，获中国第三届茅盾文学奖的路遥所言："我们的责任不是为少数人写作，而应该是全心全意，全面满足广大人民群众的精神需求。"任何一件艺术作品的真正价值，都源自其所蕴藏的创新力量及生命活力。

三、新时代青年责任担当的需要

文化是社会发展的动力源泉之一，是一个国家、一个民族的灵魂，文化兴则国运兴，文化强则民族强。只有拥有高度的文化自信，拥有文化的繁荣兴盛，才能实现中华民族的伟大复兴。我们正处于一个伟大的新时代，比历史上任何时候都更接近中华民族的伟大复兴。文化自信和文化繁荣的主力军和生力军是中国青年。

创新是文化发展的内在动力。文化创新，是一个民族永葆生命力和富有凝聚力的重要保证。创新推动文化的繁荣发展，在文化实践中不断创新，千年文脉才能焕发生机、历久弥新，民族文化才能充满时代气息，在发展中日益丰富。

中华儿女在悠悠几千年的历史长河中，培育和发展了博大精深且独具民族特色的中华文化，成为青年一代励精图治、开拓创新的强大精神支柱。有远大理想抱负、有深厚家国情怀的中国青年，自觉担起实现中国梦的使命担当，践行习近平总书记的要求："青年一代有理想、有本领、有担当，国家就有前途，民族就有希望。新时代的青年人必须笃信不移传承好中华文化、脚踏实地践行好中华文化、身体力行弘扬好中华文化，以坚定的文化自信，唱响新时代的凯歌！"

四、文明古国之神韵

2008 年北京奥运会的开幕式惊艳了全世界，具有两千多年历史的奥林匹克运动与具有五千年传承的中华文化交相辉映，谱写出恢宏的人类文明篇章。

开幕式分为上篇灿烂文明，下篇辉煌时代，以独特的创意，创新节目的编排，将中国古代的四大发明、丝绸之路、戏曲等与现代文明发展相融合，精彩纷呈，让观众享受到一场视听盛宴。人们犹如置身一幅幅真实的画卷中，游历在天地之间，感受东方美学和哲学精神。

北京奥运会画轴白鸽

图片来源：http://2008. sina. com. cn/other/p/2008 – 08 – 21/1806241653. shtml

五、实践与思考

观看 2008 年北京奥运会开幕式，感受创意之美，创新之魅。

知识拓展

海外中国文化中心

1988 年，中国启动首批海外中国文化中心建设，是文化和旅游部深化中外文化交流合作机制、增进中国与世界人民的感情、推动中华文化"走出去"的重要平台。海外中国文化中心建设积极响应"一带一路"倡议。一方面，在"一带一路"沿线地区加快布局。在目前建成的 35 个海外中国文化中心中，有 16 个位于"一带一路"沿线国家；到 2020 年，"一带一路"沿线国家的中国文化中心将会达到 50 个以上，形成覆盖全球主要国家和地区的中国文化对外传播推广网络。

开展国情宣介、文化交流及信息服务是海外中国文化中心的基础工作。各中心充分利用国庆日、建交纪念日等重要时间节点，通过展览、座谈等多种形式介绍中国发展成就，通过文化艺术表演等展示中国丰富多彩的优秀传统文化与现当代文化。

自 2016 年起，文化部开始统一筹划全球联动的统一品牌项目，如 2016 年举办的主题活动"跨越时空的对话——纪念文学巨匠汤显祖和沙士比亚"，累计举办了 160 场，形式涵盖演出、展览、讲座等，得到了国内外媒体的广泛关注；2017 年推出的"传承与创新——中国非遗文化周"和"天涯共此时"中秋节品牌活动同样取得了良好的效果。

项目三 张开双臂拥抱创新

希望大家勇于创新创造，用精湛的艺术推动文化创新发展。优秀作品反映着一个国家、一个民族文化创新创造的能力和水平。广大文艺工作者要把创作生产优秀作品作为中心环节，不断推进文艺创新、提高文艺创作质量，努力为人民创造文化杰作、为人类贡献不朽作品。

——习近平

一、创新大家族

创新是每个人都具备的一种潜能，是在后天可以通过学习和训练得到激发和提高的，按不同的分类标准可以分为不同的类型，每一种类型又可以再细分为小类型。按创新对象分，可以分为产品创新和工艺创新；按创新的表现形式分，可以分为管理创新、制度创新、技术创新、服务创新等；按创新的领域分，可以分为文化创新、教育创新、金融创新、工业创新等；按创新的行为主体分，可以分为企业创新、个人创新、机构创新等；按创新的结果分，可以分为突破性创新、持续性创新、颠覆性创新等；按创新创造的价值分，可以分为有价值的创新和没有价值的创新等等。

目前，采用比较多的分类方式是以创新的层次分，分为变革创新、市场创新、产品创新、运营创新。

1. 变革创新

变革创新一般以具有划时代的标志区分，对整个社会和国家都产生巨大影响。人类社会产生至今，发生了四次变革创新。

（1）第一次工业革命发生在 18 世纪 60 年代到 19 世纪 40 年代，是以蒸汽机作为动力机被广泛使用为标志的，开创了以机器代替手工劳动的时代。一次技术改革发展成为一场深刻的社会变革，推动社会各国在经济领域、政治领域、思想领域、世界市场等多方面的变革。

（2）第二次工业革命使人类进入了电气时代。19 世纪中后期，随着资本主义经济的发展，发电机、电灯、电车等新技术、新发明被广泛使用在工业生产领域，石油成为新的能源，世界各国的交流趋于频繁。第二次工业革命适应了生产力的发展要求，极大地推动了社会发展，对人类社会的政治、经济、文化、科技、军事和生产力产生了深远的影响。

（3）第三次科技革命自 20 世纪四五十年代开始，以原子能、电子计算机、空间技术和生物工程的发明和应用为主要标志，涉及信息技术、新材料技术、生物技术、新能源技术、海洋技术和空间技术等众多领域，被称为是一场信息控制技术革命。

（4）第四次科技革命是以人工智能、虚拟现实、机器人技术、量子信息技术、清洁能源、可控核聚变以及生物技术为技术突破口的工业革命。加快了各国的经济发展方式的转变。

2. 市场创新

伴随着社会的发展，企业为了开拓新的市场而扩大市场占有份额所产生的创新模式称为市场创新。如互联网时代，人们随时随地可以通过互联网了解新闻资讯，查看自己喜欢的影视剧节目。在剧院上演的经典艺术节目也会因为时间、地理位置、价格等因素，制约观众观看，艺术作品对人们的影响会随着人群量而受到影响。于是，运用现代信息技术将节目进行直播就应运而生了。人们只要在直播时间打开手机链接就可以不受时间、地理位置、价格的影响和制约，欣赏艺术作品，一场演出有 10 万人在线同步观看已经是很正常的事情了。再如电子商务的盛行，改变了人们的消费习惯，许多人只需在家里上网点击鼠标，加入购物车付款之后就坐等快递送到家门口。这使得传统的营销模式很难取得理想的销售额，市场占有量自然下滑。于是，新的线上线下联动模式开启了企业另一扇市场大门，迎合当下市场主流趋势也就迎来了销售机会。

3. 产品创新

以客户的立场发掘使用的需求，以发现现有产品使用过程中的不舒适度和存在的问题，根据客户的需求进行完善改进而进行的产品创新，或是寻找新的产品。产品创新主要针对的是企业的技术研发，风险比变革创新和市场创新小。

4. 运营创新

运营创新是指企业单位对经营的流程、规范、管理制度等方面的变革。以在医院看病为例，传统的医院看病，须在窗口排队挂号，医生看完病确定检查项目或药物等处方，到划价窗口进行划价后再去缴费窗口缴费，凭借单子去检查或者拿药，很耗时间。现在进行运营创新之后，利用现代信息技术，挂号缴费全都在手机 App 上完成，医生确定好检查项目和开好药之后，打印出来的单据上就有一个二维码，可以直接扫码支付，药房根据缴费情况直接配药，等到药房取药时可以直接取走，免去了来回排队等候的时间，节省了人力物力，患者的看病体验也好了。

二、创新的源泉

创新是将已有能力、资源和周边环境的综合利用和创造的过程，它们是创新的源泉，是创新可以顺利开展的基础，离开了它们就如同无水之源、无土之木。

1. 创新能力

创新能力是在技术领域、在不同的实践活动中提供的具有社会价值、经济价值和生态价值的新理论、新思想、新创造和新方法的能力。世界发展的新格局是人才的竞争，其核心是人创新创造能力的竞争。对创新能力的衡量不是单方面的，而是多个维度的综合评定。我们对创新能力的主体进行区分，可以将其划分为国家综合创新能力、区域总体创新能力、企业整体创新能力等。

随着社会日新月异的发展，个人所具备的创新能力决定了年轻的我们能否在激烈的人才竞争中脱颖而出。创新能力对新时代青年而言是十分重要的。一是随着现代信息技术的发展，社会的财富将具体表现为人的创新能力，拥有的创新能力和拥有的社会财富成正比。二是青年发展的需要。知识的激增需要青年学会学习，科技变革的跨越式发展需要革新创造。三是未来社会生产的特点需要青年具有创新能力。四是作为将实现中华民族伟大复兴梦扛在肩上的时代青年需要具备创新能力，以开拓进取，建设中国特色社会主义的现代化强国。

2. 创新资源

创新资源指创新需要的各种投入要素，有人力方面的，有物力方面的，也有财力方面的，这些投入要素资源有限，是需要加以保护的。

(1)人力资源。在投入的诸多要素资源中，人力资源是核心要素。人在创新中处于主导地位，人的创新能力可以在已有的知识储备、已有的物质条件和经济条件下，调动、整合、发挥其资源的最大优势，是最具能动性的资源。

(2)知识资源。知识资源指在人类进化发展的长期实践过程中所认识的包括人类自身在内的客观世界的成果，其中包括事实和信息的描述，也包括在教育和实践中所获取的技能。它是创新者从社会和人们需求、需要中将其自觉地在实践中反复作用的基础。

(3)组织资源。组织资源是在人力、关系、信息、金融、形象、物质方面表现出来的能力，由不同职能部门和管理制度构成，主要体现在企业文化与精神风貌，企业形象与声誉、组织的协调能力、学习能力与应变能力。不同组织结构和制度决定了组织内的不同部门职能的发挥，会影响创新的过程。组织资源将个体资源的合理应用与整合，能充分发挥个体的优势潜能，可以为组织带来利益最大化。

（4）信息资源。信息资源是信息技术、设备、设施、信息生产者等以信息为核心的各类信息活动要素的集合。信息资源是创新的必备条件，掌握并合理利用好信息资源，可以及时把握市场机遇，推进运行速度，激发创新潜能。

（5）物质财力资源。生产设施、设备，实验生产原材料，经济资源等为创新提供了必需的物质条件。

3.创新环境

（1）创新的文化环境。文化是非常重要的人类现象，是人类社会发展进步的重要内容和精神动力，也是这种发展在精神领域里一个重要的标志。作为一种富有精神力量的文化，可以在人们认识世界和改造世界的过程中转化为物质力量，对社会产生深刻影响。习近平同志指出："文明因交流而多彩，文明因互鉴而丰富。文明交流互鉴，是推动人类文明进步和世界和平发展的重要动力。"文化在交流的过程中传播，在传播的过程中兼容并蓄，继承和发展，在社会实践中进行必然的文化创新，从而让世界变得丰富多彩。

（2）创新的人才环境。艺术创新的核心问题是人才问题。为人民创作、创作人民喜欢的精品力作需要艺术创新人才。一个高水准的、完善的艺术人才环境的建立，对艺术创新的影响是深远的。

（3）创新的市场环境。创新与市场有着密切的关系。创新的市场环境包括产品市场、生产要素和消费资料市场等市场体系。市场机制的优化有助于艺术创新者获得创新资源要素，降低资料费用。市场信息获取速度快，透明度高，有助于艺术创新者开展基于市场需求的创新。

（4）创新的政策环境。艺术创新过程中会遇到不同的困难和风险，宽松有利的支持环境会降低艺术创新者艺术创新的过程中的困难和风险，提高艺术创新的积极性。政府在艺术创新中提供项目资助、税收政策支持、政府购买服务等方式，为艺术创新提供有利政策环境。

（5）创新的法律环境。艺术创新的知识产权依赖于法律法规的保护。自2008 年《国家知识产权战略纲要的通知》颁布之后，我国陆续出台了《专利法》《著作权法》《商标法》《技术合同法》和《反不正当竞争法》等法律法规文件。知识产权保护方面的法律赋予符合条件的著作者、发明者或成果拥有者在一定期限内享有的独占权利。

三、实践与思考

大学生如何提高自己的创新能力？

创新无处不在

📖 知识拓展

中国创新创业大赛

中国创新创业大赛是由科技部、财政部、教育部、中央网信办和中华全国工商业联合会共同指导举办的一项以"科技创新，成就大业"为主题的全国性创业比赛，是国家级最高规格的创新创业赛事。自2012 年以来已成功举办八届。大赛秉承"政府主导、公益支持、市场机制"的模式，旨在搭建为创新创业服务的公共平台，弘扬创新创业文化，营造良好创新创业氛围，支持中小微企业创新发展，推进大众创业、万众创新。

大赛包括报名、地方赛和总决赛三个阶段。

单元二

思维决定行动

🔊 单元导入案例

　　小时候我生活在农村，那时农村还没有自来水，就是有水井的人家也极少，人们用水都得去村中的大井去打。后来那眼大井的水渐渐少了，仿佛要枯竭了，大人们便商量再打一眼井。

　　于是村里的小伙子们便挥锹抡镐地在一个地势较低的地方挖了起来。挖进去 5 米深的时候，土已经有些潮湿了，快有水了，人们备受鼓舞，加大力气干了起来。可再往下挖，土却变得越来越干越来越硬，人们泄气了，纷纷说这地方没有水或者水太深。于是又换另一个地方挖，忙了一整天，却是同样的结果。人们茫然了，莫非这里的地下水已被用尽了？最后大家决定第二天去邻村找个懂行的人来看看。

　　第二天，邻村的那位懂行的老大爷被请来了，他小心翼翼地下到第一次挖的井里，仔细地摸了摸下面的土便上来了。他对围观的人说："接着往下挖！"人们有些犹豫，因为下面的土那么干那么硬，明摆着没水嘛！可是一看老人自信的神情，几个小伙子还是跳下去挖了起来。艰难地又向下挖了 2 米多，井下一声欢呼："出水了！"人们纷纷鼓掌，然后问那位老大爷怎么知道下面有水，老人说："打井的时候，凡是快要接近水时，土反而变得更干更硬，这是因为水涸过这层土，而当地下水位低时，由于这层土有水浸过，所以就变得很硬了。这就使你们以为这里没水，其实只要再向下挖一些，水就出来了！"

　　（故事来源 http://www.gushi365.com/info/9997.html，有删减）

项目一　大家眼中的思维

思维是灵魂的自我谈话。

——柏拉图

"思维决定行为，行为决定结果。"思维不是一件简单的事情，思维也有其特点和方法。所有成功的人都有自己好的思维方式。思维习惯一旦形成，就会产生巨大的力量。

"行成于思"，没有思考就没有行动，没有行动就不会有成功。爱因斯坦非常重视独立思考。他说："高等教育必须重视培养学生具备会思考、探索的本领。人们解决世上所有问题用的是大脑的思维本领，而不是照搬书本。"

一、什么是思维？

思维最初是人脑借助于语言对事物的概括和间接的反应过程。思维以感知为基础又超越感知的界限。通常意义上的思维，涉及所有的认知或智力活动。它探索与发现事物的内部本质联系和规律性，是认识过程的高级阶段。

思维对事物的间接反应，是指它通过其他媒介作用认识客观事物，及借助于已有的知识和经验，已知的条件推测未知的事物。思维的概括性表现在它对一类事物非本质属性的摒弃和对其共同本质特征的反映。

随着研究的深入，人们发现，除了逻辑思维之外，还有形象思维、顿悟思维等思维形式的存在。逻辑思维也叫抽象思维，形象思维也叫具象思维，顿悟思维也叫灵感思维。

二、思维方法

思维是人类所具有的高级认识活动。按照信息论的观点，思维是对新输入信息与脑内储存知识经验进行一系列复杂的心智操作过程。

思维方法是人们通过思维活动为了实现特定思维目的所凭借的途径、手段或办法，也就是思维过程中所运用的工具和手段。思维方法属于思维方式范畴，是思维方式的一个侧面，是思维方式具体而集中的体现。思维方法是由各层次、各要素构成的复杂系统。按其作用范围的不同，可以把思维方法划分为三大层次：一般的思维方法、各门具体科学共同的思维方法和各门科学所特有的思维方法。

1. 分析与综合

分析与综合是最基本的思维活动。分析是指在头脑中把事物的整体分解为各个组成部分的过程，或者把整体中的个别特性、个别方面分解出来的过程；综合是指在头脑中把对象的各个组成部分联系起来，或把事物的个别特性、个别方面结合成整体的过程。分析和综合是相反而又紧密联系的同一思维过程不可分割的两个方面。没有分析，人们则不能清楚地认识客观事物，各种对象就会变得笼统模糊；离开综合，人们则对客观事物的各个部分、个别特征等有机成分产生片面认识，无法从对象的有机组成因素中完整地认识事物。

2. 比较思维法

根据对象的不同，比较分为同类事物之间的比较和不同类事物之间的比较。按照形式划分，比较分为求同比较和求异比较。在相似中求不同处，如香港有一家经营黏合剂的商店，在推出一款新型的"强力万能胶"时，市面上已经有了种类繁多的"万能胶"。如何出奇制胜？老板决定从广告宣传着手，但经过一番对比研究，发现"万能胶"的广告内容雷同程度高，很难引起人们的注意。老板冥思苦想后，创意出一个与众不同、别出心裁的"点子"：把一枚金币用新型胶水黏贴在店门口，广而告之，谁能将金币取下立即免费赠送。面对价值千元的金币，数以千计的人蜂拥而至，每次在尝试之后都失败而归，但胶水的质量宣传却随着人们的失败而走进了千家万户，到店里购买的人络绎不绝。没有花一分钱广告费却让新型产品广为流传。人类参照飞翔的鸟类发明了飞机，参照鱼发明了潜水艇，这些就是在不同中求相同或相似处。

3. 抽象与概括

抽象与概括是指从具体共同性的事物中揭示其本质意义的两种思维活动。抽象是指抽取客观事物一般、本质属性的思维方法；概括是指把抽象出来的个别事物的本质属性连接起来，推及至其他同类事物上去，从而归结全类事物的共性的思维方法。抽象与概括既有区别又有联系，不可分割。概括在抽象的基础上进行，没有抽象就不能进行概括；抽象中寓有概括，概括又借助于抽象，其目的都是为了揭示事物本质。

4. 归纳与演绎

归纳法是对观察、实验和调查所得的个别事实概括出一般原理的一种思维方式和推理形式，其主要环节是归纳推理。归纳推理可以分为三种方式：完全归纳法、简单枚举法、判明因果联系的归纳法。演绎则与归纳相反，演绎是从普遍性规则推导出个别性规则。结论本身只是一个复述而已，如经典的三段论——人都会死，苏格拉底是人，所以苏格拉底会死。人都会死，苏格拉底是人，这两个前提自证了结论"苏格拉底会死"，即使不写出来这一句其实大家都已经明白。这是最为简化的演绎，演绎可以通过连续的小的演绎得到复杂的结论，如在侦探小说中，常会出现"谁是凶手"的推导过程，虽然结论已经在前提中证明。

5. 因果思维

简单地说，因果关系的逻辑就是：因为 A，所以 B。或者说，如果出现现象 A，必然就会出现现象 B（充分关系）。这是一种引起和被引起的关系，而且是原因 A 在前，结果 B 在后。一切先后关系不一定就是因果关系，例如：起床先穿衣服，然后穿裤子，或者说先刷牙后洗脸，这都不是因果关系。并不是一切必然联系都是引起和被引起的关系，只有存在引起和被引起关系的必然联系，才属于因果关系。常见因果对应关系如一因一果：即一个原因产生一个结果；多因一果：既多个原因一起产生一个结果；一因多果：即一个原因产生多个结果；多因多果：既多个原因一起产生多个结果。

6.递推法

递推就是按照因果关系或层次关系等方式，一步一步地推理。有的原因产生结果后，这个结果又作为原因产生下一个结果，于是成为因果链，因果链就是一种递推思维，例如英国民谣："失了一颗铁钉，丢了一只马蹄铁；丢了一只马蹄铁，折了一匹战马；折了一匹战马，损失一位将军；损失一位将军，输了一场战争；输了一场战争，亡了一个帝国。"

7.逆向思维

逆向思维法与因果思维法相反，逆向思维法是由结果推理原因。

例如：大家听过司马光砸缸的故事，司马光的小伙伴掉进大水缸里了，常规的思维模式是"救人离水"，而司马光面对紧急险情，运用了逆向思维，果断地用石头把缸砸破，"让水离人"，救了小伙伴的性命。

三、实践与思考

1.有个人用电熨斗去融化积雪，你认为是合理的吗？你能尽可能多地想出电熨斗的各种可能的用途吗？

2.尽可能多地想出玻璃瓶的各种用途。

3.尽可能多地想出用"摇"的方法可以办成哪些事情或解决哪些问题。

4.尽可能多地想出用怎样的方法才能达到照明的目的？

项目二　我们的思维惯性

思维世界的发展，在某种意义上说，就是对惊奇的不断摆脱。

——爱因斯坦

一、什么是思维定式

思维定式也称"惯性思维"，是由先前的活动而造成的一种对活动的特殊的心理准备状态，或活动的倾向性。在环境不变的条件下，定式使人能够应用已掌握的方法迅速解决问题。而在情境发生变化时，它则会妨碍人采用新的方法。消极的思维定式是束缚创造性思维的枷锁。思维定式分为书本定式、传统定式、麻木定式、名言定式、经验定式和从众定式。

这里有一个很有趣的故事：假设有一天编者和两个朋友聊天，一位是博士约翰，一位是胖子托尼。编者有一个有趣的问题，希望能比较他们的答案。编者：假设硬币是公平的，因为抛出硬币得到正面与反面的可能性是相同的。我把它抛出 99 次，每次都是正面向上。我下一次得到反面向上的概率是多大？约翰博士：简单的问题。当然是 1/2，因为你假设每面出现的可能性是 50%。编者：你的答案呢？托尼。胖子托尼：我认为不超过 1%，这是显然的。编者：为什么？我最初假定硬币是公平的，每面都有 50% 的概率。胖子托尼：如果你相信所谓的"50%"的说法，你要么是个草包，要么是个智力障碍者。这枚硬币一定被做了手脚，这不可能是公平的游戏。也就是说，在硬币抛出 99 次，每次都是正面向上的情况下，你对公平的假定很可能是错误的。（来源：徐娟《打破思维定式，助力学术研究》）这里我们可以思考下，两个人的思维方式都有什么特点和不同？

二、思维定式的主要特征

1. 趋向性

思维者具有力求将各种各样问题情境归结为熟悉的问题情境的趋向，表现为思维空间的收缩。带有集中性思维的痕迹。如学习立体几何，应强调其解题的基本思路：即空间问题转化为平面问题。

2. 常规性

经常必须要使用的方法，如学因式分解，必须掌握提取公因式法、公式法、十字相乘法、分组分解法等常规的方法。

3. 程序性

程序性是指解决问题的步骤要符合规范化要求。如在证明几何题时，怎样画图、怎样叙述、如何讨论、格式摆布，甚至如何使用"因为、所以、那么、则、即、故"等符号，都要求清清楚楚、步步有据、格式合理，否则就会乱套。

三、思维定式的表现方式

思维定式通常有两种形式：适合思维定式和错觉思维定式。前者是指人们在思维过程中形成了某种定式，在条件不变时，能迅速地感知现实环境中的事物并做出正确的反应，可促进人们更好地适应环境。后者是指人们由于意识不清或精神活动障碍，对现实环境中的事物感知错误，做出错误解释。

四、思维定式的作用

1.积极作用

思维定式对于问题解决具有极其重要的意义。在问题解决活动中,思维定式的作用是根据面临的问题联想起已经解决的类似问题,将新问题的特征与旧问题的特征进行比较,抓住新旧问题的共同特征,将已有的知识和经验与当前问题情境建立联系,利用处理过类似的旧问题的知识和经验处理新问题,或把新问题转化成一个已解决的熟悉问题,从而为新问题的解决做好积极的心理准备。具体地说,在问题解决中,思维定式主要包括以下三方面内容:一是定向解决问题总要有一个明确的方向和清晰的目标,否则,解题将会陷入盲目性。定向是成功解题的前提。二是定向方法是实现目标的手段,广义的方法泛指一切来解决问题的工具,也包括解题所用的知识。不同类型的问题总有相应的常规的或特殊的解决方法。定向方法能使我们对症下药,它是解题思维的核心。三是定式解决问题是一个有目的、有计划的活动,必须有步骤地进行,并遵守规范化的要求。

思维定式是一种按常规处理问题的思维方式。它可以省去许多摸索、试探的步骤,缩短思考时间,提高效率。在日常生活中,思维定式可以帮助人们解决每天碰到的90%以上的问题。但是思维定式不利于创新思考,不利于创造。

2.消极作用

思维定式对问题解决既有积极的一面,也有消极的一面,它容易使我们产生思想上的依赖性,养成一种呆板、机械、千篇一律的解题习惯。当新旧问题形似质异时,思维的定式往往会使解题者步入误区。

大量事例表明,思维定式确实对问题解决具有较大的负面影响。当一个问题的条件发生质的变化时,思维定式会使解题者墨守成规,难以涌出新思维,做出新决策,造成知识和经验的负迁移。

根据唯物辩证法观点，不同的事物之间既有相似性，又有差异性。思维定式所强调的是事物间的相似性和不变性。在问题解决中，它是一种"以不变应万变"的思维策略。所以，当新问题相对于旧问题，是其相似性的主导作用时，由旧问题的求解所形成的思维定式往往有助于新问题的解决。而当新问题相对于旧问题，是其差异性起主导作用时，由旧问题的求解所形成的思维定式则往往有碍于新问题的解决。

从思维过程的大脑皮层活动情况看，定式的影响是一种习惯性的神经联系，即前次的思维活动对后次的思维活动有指引性的影响。所以，当两次思维活动属于同类性质时，前次思维活动会对后次思维活动起正确的引导作用；当两次思维活动属于异类性质时，前次思维活动会对后次思维活动起错误的引导作用。

只有建立科学的思维方法，才能克服思维定式的影响，也是克服思维障碍的法宝，也才能在原有的思维基础上不断创新。思维的形式是多样性的，有形象、抽象思维，求同、求异思维，集中、发散思维等。爱迪生的"奇思妙想"使他成为发明大王，爱因斯坦"离经叛道"才有了伟大且具有超前性的相对论。因而在培养自己的思维时，必须重视思维的流畅性和创造性，尤其是注重培养自己的求异思维和想象思维。

五、实践与思考

1.用怎样的方法才能达到照明的目的？（方法越多越好）

2.用怎样的方法才能达到锻炼身体的目的？（方法越多越好）

3.李、秦两家仅一墙之隔，两家人的声响相互干扰很大，怎样才能提高隔音的效果？（方法越多越好）

4.准备一张白纸和一支笔，在白纸上写下一个主题词，比如"幸福"（刚开始尽量用容易联想、发散的一些词语），并将它圈起来。然后以它为中心，画10个分支，在每个分支上写下你一想到幸福这个概念就会联想到的词。

项目三　思维问题的转化

不下决心培养思考习惯的人，便失去了生活中的最大乐趣。

——爱迪生

从不同的角度思考问题，有助于我们更全面地认识局势，从而解决问题。千年以前就有老子"以柔克刚"、韩愈"以退为进"，由此发展到了战术上的"欲擒故纵"。这些方法、战术沿用至今，屡试不爽，就在于它从不同的角度、以对方的立场来把握局势、赢得主权。在我们目前的日常生活中，在面对那些客观所制约或者是无法解决的问题时，既然在"硬件"上无法克服，那就需转换思维，在"软件"上寻找思路，也就是变换角度，寻找可解决问题的突破口。在思考角度不断变化的过程中，也明白了不同立场者的得与失，了解到不同结构的关键所在，也就有了更易克敌制胜的方案。

一、什么是思维问题的转化？

思维转换一词是美国哲学家 Thomas Kuhn 首先提出的，来自他的经典之作 *The Structure of Scientific Revolutions*。转换思维实际是一种多视角思维，从多个角度观察同一现象，用联系的发展的眼光看问题，会得到更加全面的认识，从多个层次、多个方面、多个角度思考同一问题，会得到更加完满的解决方案。

对同样一件事物或事情，凭自己的印象而持有一种观点，你的观点正确与否不能确定，经某事或某人提醒忽然领悟到另一种观点，当然这种观点正确与否也未知。这种现象我们称之为"思维转换"。在这之前你对自己的观点越坚持，顿悟的刺激也越大。

思维转换往往在经历失败挫折时面临生死攸关时产生。如果我们对某一问题的思考方式对自己不利，就应该转换一个思路，从另一个角度考虑问题，说不定可以让问题迎刃而解。转换思维可以帮我们精确地理解某一事物的内涵和外延，并对事物的概念做出规定。此外，转换思维可以避免思维定式，对于发明创造来说有重要意义，每转换一个新的视角都可能引发一个新发现或新发明。

二、思维转换，创意生活

网上盛传着一个故事，说大英图书馆建了一栋漂亮的新楼，准备整体搬迁过去。但你要知道，书多重啊，还这么多，搬家是非常大的工作量。有人估算，做这件事要花费 350 万美元，好大一笔钱。

请问，如果你是馆长，怎样才能用尽量少的钱，把海量的书搬到新馆去，雇更便宜的人吗，发动所有员工及其家属，要求新馆建设者承担这个义务？都不现实。在"搬书"这个固有的思维模式下，可能很难找到更好的方案。你需要一次"思维转换"。

有位年轻人找到馆长，对他说：我来帮你搬，只要 150 万。年轻人在报纸上登了一则消息："从即日起，大英图书馆免费、无限量向市民借阅图书，条件是从老馆借出，还到新馆去……"年轻人从"搬书"的思维模式，转换为"还书"的思维模式，结果花了不到一个零头的钱就完成了这个看似不可能完成的任务，自己也成为了百万富翁。

其实我们每个人都在以自己的理解力和经历，构建自己的思维模式，然后再用这个思维模式理解这个世界。思维转换，就是改变你理解这个世界的方式。

如果我们只想发生较小的变化，那么专注于自己的态度和行为就可以了，比如空杯心态，把杯子倒空就行了；但如果你想发生实质性的变化，那就需要"思维转换"，也就是说，可能连杯子都需要换掉。

（1）一个热气球上有三个人，上升时遇到故障，必须舍弃一人才能安全升空，三人中一个是环保学家，一个是核专家，一个是农学家，该舍谁呢？大家讨论半天，也找不到正确答案，因为任何一个人都太重要了。这时，一个孩子喊了一句：把最胖的扔下去。

转换思维，简单而直接的答案可能是最合理的，因为你得明白你要干什么。

（2）有两个观光团旅游，有一段路况很坏，到处都是坑洞。一位导游连声说："路面简直像麻子一样。"而另一个导游却诗意盎然地对游客说："我们现在走的正是当地有名的迷人酒窝大道。"

虽是同样的情况，然而不同的意念，就会产生不同的态度。思想是何等奇妙的事，如何去想，决定权在你。

（3）一人晚间存款，碰巧 ATM 机故障，一万元被吞，当即联系银行，被告知要等到天亮。其绞尽脑汁地想，突然灵机一动，使用公用电话致电客服，称 ATM 机多吐出 3000 元，5 分钟后维修人员赶到。

别人不帮助你，是因为没触及他的利益。想办法把你的问题（产品）和他的利益联系起来，才能引起对方重视。

（4）一哥们在火车站附近手机被偷了，马上请朋友给自己手机发了一条信息："哥，火车快开了，我等不到你，先上车了！欠你的两万块钱，我放在火车站寄存处 A19 号柜子里，密码是 1685"。半小时后，偷手机的"二货"在火车站寄存处 A19 号柜子前被生擒。

用逆向思维来创新，什么问题都不难解决。

（5）一位老大爷买西红柿，挑了 3 个到秤盘，小商贩秤了下："一斤半，3块 7。"大爷说："做汤不用那么多。"去掉了最大的西红柿。商贩说："一斤二两，3 块。"大爷从容地掏出了七毛钱，拿起刚刚去掉的那个大的西红柿，扭头就走。小商贩立时呆若木鸡。

（6）每年因为护士分发药品错误导致的医疗事件时有发生，英国国民医疗系统为此曾立项进行研究，如何有效帮助护士减少日常分配药品的错误率。项目从护士的实际工作情况出发，从不同的角度设计了解决方案：制造半自动化设备保障药品分发的正确性，对护士进行专项培训，核查监管制度。但这些方案不是耗资太大，就是实施效果不理想，研究因而陷入了僵局。最终的解决方案出乎所有人的意料，护士在配药时穿上一件印有"请勿打扰"醒目标志的防护服，就大大降低了错误率。据英国病患安全署的一项调查发现，自防打扰服推广以来，在每年100万件安全事故中，药品分配错误率降至10%。案例中，从"如何提高配发药准确率"的思维模式，转化为"如何减少外部干扰"的模式，花费最小却解决了几乎不能完成的研究任务和实际工作难题。

有的人喜欢站在自我的立场上思考问题，不断强化自我的想法；有的人喜欢站在对方的立场上去思考问题，不断探求他人有什么样的想法。这是思维方式的不同，也是聪明与智慧的差别所在。

三、实践与思考

1. 尽可能多地设想利用黑颜色可以做什么事或办什么事。

2. 尽可能多地设想利用浆液状态可以做什么事或办什么事。

3. 尽可能多地写出（或说出）音乐可同哪些东西组合在一起。

4. 用怎样的方法才能达到降温的目的？（办法越多越好）

单元三
新时代创新思维

单元导入案例

　　拿破仑在滑铁卢战役失败之后，被终身流放到圣赫勒拿岛。在岛上，拿破仑独自过着孤独和寂寞的生活。后来，拿破仑的一位好友秘密赠给他一副象棋。在孤独的日子里，这位赫赫有名的囚犯对这副精制而珍贵的象棋爱不释手，时常一个人静静地下象棋，用以打发在岛上孤独和寂寞的时光，直至有一天悄然死去。拿破仑死后，这副他喜欢且陪伴他时日最多的象棋被多次高价转手拍卖。

　　一次偶然的机会，象棋的持有者发现了一个惊天秘密。在诸多的旗子中，有一个棋子底部是可以打开的。当这个人打开这个棋子的底部后，不禁惊呆了，里面竟密密麻麻地写着如何从圣赫勒拿岛逃生的详细计划。可是，拿破仑没有从象棋中领悟到朋友的良苦用心和象棋中的奥秘，他做梦也不会想到，绝佳的逃生路线竟然毁在了自己的常规思维的陷阱里。

　　如果他能用南征北战时突破常规的思维方法来思考，为什么友人只送给他象棋而不送其他的物品，这象棋里可能隐藏着什么秘密，说不定历史将会改写，给拿破仑又一个创造奇迹的机会。

项目一 互联网思维

要强化互联网思维，利用互联网扁平化、交互式、快捷性优势，推进政府决策科学化、社会治理精准化、公共服务高效化，用信息化手段更好感知社会态势、畅通沟通渠道、辅助决策施政。

各级领导干部要学网、懂网、用网，积极谋划、推动、引导互联网发展。

——习近平

一、互联网思维的界定

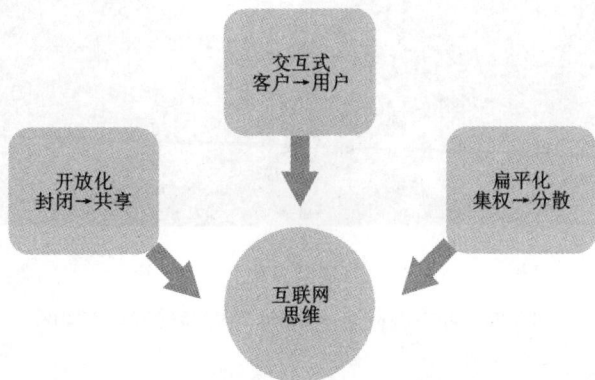

21 世纪是知识经济占主导地位的世纪，也是以创新和创造为标志的世纪，是国力竞争越来越依靠知识创新和科技创新的时代，也是国家、民族最

需要具有创新能力的高素质人才的时代。而人类的创造活动是以创新思维为核心的。创新是一个民族进步的灵魂，是国家兴旺发达的不竭动力。它是经济发展的基础，是创造、发明不可缺少的必备条件，也是一个国家、一个机构、一个人提高竞争力的核心。

新时代是互联网时代，现在的一切社会生活和经济活动，都离不开互联网。新的技术，改变了生产生活的形态。几年前，当互联网企业和传统企业还"各自为政"时，我们听到了"互联网＋"这个概念；当大部分传统企业被互联网搅得人心惶惶时，我们听到了"互联网就像水电，只是基础设施"的声音；而今天"互联网＋"被炒得热火朝天，我们听到的是"互联网思维"。

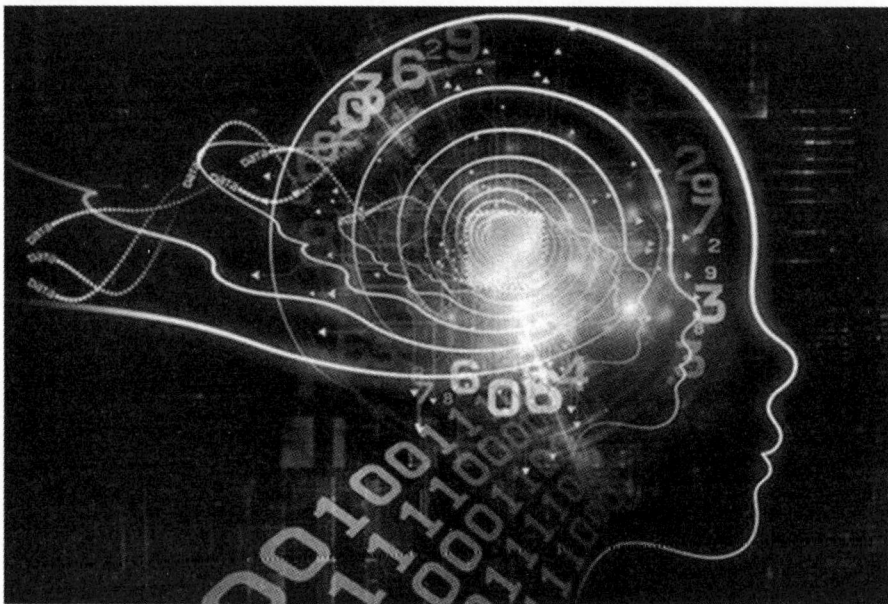

互联网思维

图片来源：https://www.toutiao.com/i6355263577221235201/

那么到底什么是"互联网思维"呢？Twitter 的创始人埃文·威廉姆斯（Evan Williams）给出了三个层面的解释：第一是商业方面的，发现并解决用户的一个微小"痛点"，这种发现不是想象，而是改善生活质量的推动力。第二是聚焦和减法，选择人类长时间段的需求并且研究去除需求的中间环节，尽量使其一步到位，简便易懂。第三是解放人性，解放人性不是技术解放人性，而是人的思维和文化解放了人性。互联网思维就是在(移动)互联网＋、大数据、云计算等科技不断发展的背景下，对市场、用户、产品、企业价值链乃至对整个商业生态进行重新审视的思考方式。

最早提出互联网思维的是百度公司创始人李彦宏。在百度的一个大型活动上，李彦宏与传统产业的老板、企业家探讨发展问题时，李彦宏首次提到"互联网思维"这个词。他说，我们这些企业家们今后要有互联网思维，可能你做的事情不是互联网，但你的思维方式要逐渐从互联网的角度去想问题。

我国不少名人也对互联网思维进行了解读：就拿我自己来说，过去总觉得互联网仅仅是一种工具，企业里有人用就可以了，没必要每个人都懂都用，总觉得鼠标里点不出万向节。现在不同了，孙子、外孙回来都跟我讲互联网，互联网已经从一种工具变成一种思维，一种文化，一种工作和生活的状态，打印产品也已经近在眼前了。怎么办？只有下功夫学，善学者能，多能者成。

——万向集团董事局主席鲁冠球

互联网思维是零距离和网络化的思维。

——海尔集团

淘汰你的不是互联网，而是你不接受互联网。是你不把互联网当成工具跟你的行业结合起来。最终淘汰你的还是你的同行，他们接受了互联网，把互联网跟自己做的事情结合起来，淘汰了你。

——万科董事会主席王石

第一，用户至上：在互联网经济中，只要用你的产品或服务，那就是上帝！很多东西不仅不要钱，还把质量做得特别好，甚至倒贴钱欢迎人们去用。第二，体验为王：只有把一个东西做到极致，超出预期才叫体验。比如有人递过一个矿泉水瓶子，我一喝原来是50度的茅台。这就超出我的体验。第三，免费的商业模式：硬件也正在步入免费的时代。硬件以成本价出售，零利润，然后依靠增值服务去赚钱。电视、盒子、手表等互联网硬件虽然不挣钱，通过广告、电子商务、增值服务等方式来挣钱。第四，颠覆式创新：你要把东西做得便宜，甚至免费；把东西做得特简单，就能打动人心，超出预期的体验上的呼应，就能赢得用户，就为你的成功打下了坚实的基础。

——360公司董事长

互联网思维分为三个层级，层级一：数字化；互联网是工具，提高效率，降低成本。层级二：互联网化；利用互联网改变运营流程，电子商务，网络营销。层级三：互联网思维；用互联网改造传统行业，商业模式和价值观创新。

——前微软亚太研发集团主席、百度总裁张亚勤

换一种角度，从结果的角度来解读，互联网思维与传统产业的对接，会改变传统的商业模式。从结果看，大致会产生这么几个效应：长尾效应、免费效应、迭代效应和社交效应。互联网思维开放、互动的特性，将改变制造业的整个产业链。因此，用好互联网思维，制造业链条上的研发、生产、物流、市场、销售、售后服务等环节，都要顺势而变。

——联想集团执行委员会主席柳传志

二、互联网思维改变人的思维

互联网的特点第一是高速，现在有4G、5G，将来还会拥有更快的6G等技术，这种高速也造成了折旧加速。第二是简便，简便体现为互动、可移动、免费。第三是全球化。第四是每个用户都是一个自媒体。上述每个特点并非互联网独有，但互联网却把这些特点集中起来使人的思维发生根本性的转变，这种转变甚至是我们以前想也不敢想的。

　　互联网的思维前身就是工业时代的思维，已经延续了300年。工业时代的思维核心是流水线，它的环节、指令、传递、执行、效果、反馈、改进都有非常完善的思维模式，并且目前它还占据着主流。比如我们现在的药品生产还延续这种思维，研发、实验和生产并不会与消费者发生互动。互联网思维会颠覆工业时代思维，不同思维模式会形成不同的组织方式，行为模式也会随之发生改变。

　　我们以餐馆为例，麦当劳是快餐业最典型的一个例子，它在全世界130多个国家有3万多家加盟店。斯坦福大学的教授认为它不是一家餐饮店而是一个平台，是将大宗的面粉、牛肉、鸡肉等供应商跟加盟店主们对接起来的一个平台。如果认为麦当劳平台上的消费者关注的是食品、用餐服务的效率，不关注麦当劳里面的人和故事，那么，这种认识就是老思维。如果采用互联网思维来观察就很不一样，互联网思维让人关注消费背后的人和故事。比如北京的黄太吉煎饼果子店的网络营销模式，将特斯拉送外卖、大明星般主厨的照片发到网上吸引粉丝，在不到两年时间里其市值就达到四千万人民币。黄太吉做网络营销，分享的不是煎饼果子，是创业新星与粉丝之间的美好时光。不光嘴上吃，眼睛也享受，那是非常愉快的一件事情。再比如快递行业，对一个地方的经济与社会生活影响巨大。顺丰快递现在不仅仅是一个快递公司，它在培养用户习惯上影响很大，甚至学生高考填报志愿和毕业分配都要考虑学校所在地的快递效率与费用。

　　"雕爷牛腩"就是一例典型的运用互联网思维进行互联网营销的案例。"雕爷牛腩"是一家"轻奢餐"餐厅，名字听着就挺特别。开业以来，很多人慕名而来，每天门庭若市，吃饭都要排很久的队。"雕爷牛腩"创办者叫孟醒，人称"雕爷"，他并非做餐饮的专业人士，开办这家餐厅，被很多人包括雕爷自己，看作是一次商业风险很高的尝试，充满了互联网式玩法的餐厅运作。互联网什么玩法呢？

　　在菜品方面，雕爷追求简洁，同时只供应12道菜，追求极致精神；在网络营销方面，微博引流兼客服，微信做CRM；在粉丝文化方面，雕爷形成了自己的粉丝文化，越有人骂，"死忠粉"就越坚强；而在产品改进方面，配有专门团队每天舆情监测，针对问题持续进行改进和优化。点评：尚不论"雕爷牛腩"究竟好不好吃，仅在互联网方面，"雕爷牛腩"就完美地诠释了什么叫互联网产品思维。互联网思维就是围着用户转，体验做到极致，然后用互联网方式进行推广。网友相鑫在"知乎"上发表了"如何评价雕爷牛腩的营销策略?"将互联网思维进行了详细分解：第一步树概念，中国第一家轻奢餐饮品牌，介于高端餐饮与普通餐饮之间，完美的封锁品类，形成概念的护城河@轻奢餐饮第一品牌。第二步定用户，清晰的用户画像，目标顾客是中国日渐崛起的中产阶级。那么接下来怎么找到用户？他们在哪里？那就是半年封测期不断地邀约商界、演艺界、文化界等各界名人大咖来试菜的原因，雕爷发现互联网可以将他们的客户群体网罗。接下来的问题是怎么和他们互动。于是乎开始像江湖上武林大会一样广发英雄帖，此时树立起清晰的品牌定位。第三步立场景，从店内的布局摆设、菜品摆盘，再到桌子上的茶杯器皿，给就餐的顾客心理上的震撼和感动，标准的服务，精致的餐点，这个场景让人觉得物有所值，深深地吸引着目标客户，他们的痛点是不怕花钱，怕不受尊重。第四步讲故事，雕爷可谓是故事高手，从开胃菜到正餐再到茶品，满满都是故事，他们经营这家餐厅所追求的就是"无一物无来历，无一处无典故"：花重金从香港食神戴龙手中买断秘方、加工切制牛腩的刀选用大马士革钢锻造，炖牛腩的锅已申请专利，顾客到店喝的水则是"斐济（FIJI Water）"和"盛棠（Saratoga Spring Water）"……第五步讲体验，戴龙曾说"一个真正的好厨师，考验的不是用名贵食材炫技，恰恰是最平凡的食材，做出淳朴而又令人心醉的味道，应该是吃完之后，数月乃至数年过去，嘴里还能念念不忘的味道"。在雕爷牛腩餐厅还有一个独特岗位 CTO（首席体验官），雕爷认为好的餐厅有三要素：口味、环境、服务——前两者，改进的空间是有限的，而服务的改进空间是无限的。第六步引传播，故事听完我们迫不及待去体验一把，又被无数的细节所打动，戴龙先生花了 20 年时间雕琢一份牛腩，真正匠心独运，一口下去，味道分为三层：第一层是带着咖啡豆微苦之异香，充满口腔；第二层为辛香鲜、辛辣味道急速袭来，刺激味蕾；第三层仿佛公蟹蟹膏，胶着感及回甜，凝结舌尖——事实上，传统中餐对味道的理解，是不太讲究"层次感"一说的，这个评判角度，主要来自法餐。尤其米其林评星级厅中，这个"味道层次感"维度，对于评级极为重要。故而这碗食神牛腩，无论香料来源还是厨艺理念，很难归类为某国或某派，只能说中西合璧，融会贯通。有次戴龙私下笑谈："我的咖喱牛腩饭，才真的是黯然销魂饭。"

（资料来源 https：//www.zhihu.com/tardis/landing/360/ans/155053672？query）

雕爷牛腩

图片来源：https：//it.sohu.com/20130911/n386333640.shtml

三、互联网思维的战略与战术

（一）互联网思维的战略

战略可以看作是纲领，对于互联网领域，可以解读为模式，但模式不仅仅指商业模式。这里的模式，更多的是指吸引客户的模式。互联网的劣势是缺乏稳定的获客渠道，而优势是不受限于线下场所可以放眼全国甚至全球。如何扬长避短，解决最基本的客户问题，以便为打好后续的每一场仗提供基础，这可以视为互联网战略的根本所在。具体采用哪种战略是要根据不同互联网业务场景的需要融合采用、穿插采用。通常采用的主要战略手段包括如下 6 类：

1. 免费战略

免费的东西大家都喜欢，不用花钱又有价值，自然用户愿意使用，如百度搜索、百度地图、新浪新闻、墨迹天气等都是典型的免费应用（绝大多数人在免费使用）。不过免费战略的背后需要有愿意帮助用户买单的其他金主（百度搜索、新浪新闻的广告主），或者这样的业务能够为企业真正赚钱的其他业务提供客户资源（如百度地图上可以进行酒店预订等）。

2. 流量战略

流量即网络上的用户访问流量，是互联网上的客流，可以说所有战略都与流量息息相关。而此处狭义的流量战略，单指通过各种合理合法的方式，尽可能多地吸引流量，例如付费推广、烧钱奖励、交换友情链接、SEO（搜索引擎优化）、口碑转播、推广返利、线下扫码等等。这一战略相比其他战略而言，不需要业务特征的配合，只是纯粹的"拉客"行为，但却可以成为开展其他战略的前期基础战略，可以帮助企业度过冷启动（项目获取最初的一部分用户）阶段。

3. 共享战略

大家可能认为顺风车这种个人对个人的共享才是典型的共享模式，即充分利用闲置资源并使闲置资源的提供者获得收益而让使用者降低成本。不过，为了保证良好的用户体验和可控的交易流程，当互联网业务做大以后，提供闲置资源的常常变成互联网公司自己，而这种共享也就成为"出租"，例如摩拜单车以及各类如共享按摩椅、迷你 KTV 机、共享婴儿推车等等。在这种情况下，大家可以认为这是互联网企业对一种土得掉渣的传统经营模式的包装，但配合广泛的资源布点、良好的体验以及用心的运营，互联网公司的"出租"业务，相比传统行业的"出租"业务，还是有着极大差异。

4. 众包战略

众包即将整个工作以自由自愿的形式交给非特定的用户来做。较早和典型的众包应用如维基百科（包括百度百科）。而随着互联网业务的发展，基于众包的基本理念，还衍生了许多相似理念的业务，例如 P2P 借款（每个借款会由多个非特定用户来出资）、众筹（每个筹集资金的项目会由多个非特定用户来出资）。此外，虽然猪八戒网目前已经接近于一个企业服务的招投标网站，但由于对中小企业较为友好，参与者众多，所以也常作为众包模式的典型。

5. 平台战略

平台战略可以说是最重要的互联网战略。之所以称为"平台"，在于公司只负责搭台，不唱戏，不直接向用户提供产品，而是专心为能够提供产品的商家和消费者构建一个高效的交易平台，匹配好双方的供需。作为平台方，虽然每笔交易获得的分成不多，但如果交易量极大，那么收入是巨大的。而且专注于构建平台，这样的互联网企业可以做到轻资产和高效率。例如我们知道的很多互联网巨头都在执行平台战略，京东天猫有商家、携程有酒店景区、美团有餐厅、滴滴有司机，包括很多娱乐或媒体性质的应用如今日头条、抖音、斗鱼等都有大量的内容供应商（如传统媒体或自媒体工作室）。

6. O2O 战略

单纯的线上业务已几乎被互联网巨头垄断，新的互联网业务获取用户越来越难，成本越来越高。从几年前开始，一些希望避开正面竞争的互联网创业者，看到了引入线下服务环节并直面用户的价值。这不仅能够创造新的应用场景，还能摆脱仅从线上获取用户的局限。由此，O2O 大热。O2O 即 Online to Offline，线上到线下，这类业务通常会有线下服务环节并聚焦于本地化服务。例如美团外卖需要骑手送餐、瓜子二手车需要师傅验车，以及各类本地上门服务如家政、按摩等，包括滴滴打车、盒马生鲜和京东到家等也都属于O2O业务范畴。

（二）互联网思维的战术

相对于互联网战略，在互联网战术层面的技巧就更多了，在互联网这个没有硝烟的战场上，为了打赢每一场仗，如何排兵布阵，如何调兵遣将，会有许多门道。从整体而言，互联网思维的主要战术手段包括如下6类：

1. 产品

产品是作战的武器，而互联网领域发展迅速，互联网公司的产品绝不可能一成不变。围绕产品会有许许多多的讲究，例如迭代（产品不可能一次成型，需要在使用中不断完善）、极致（体验做到最好，才能引起用户兴趣并脱颖而出）、极简（少即是多，专注要提供给用户的核心功能，凸显核心价值）等等。

2. 运营

互联网产品不是开发出来的，而是运营出来的，需要在运营中不断根据数据分析、用户反馈以及竞争对手情况等调整宣传推广策略和产品优化策略，利用各种手段，提升用户的留存和消费转化。

3. 数据

数据不仅仅是运营的基础，更是企业的信息资产。对于互联网公司，一切皆可被数据化，企业必须构建自己的数据平台，并且对于海量数据，应该利用大数据、人工智能等相关技术，深入挖掘其价值，并指导企业的业务预测和经营决策。

4. 社交

社交对于用户意味着其可以在产品内拓展自己的关系，而对于互联网公司，一方面意味着可以充分利用这样的社交关系，让用户进行业务的传播和推广（支付宝的集五福）；另一方面意味着用户会在这个业务上有更多的"牵挂"，进而能够大大提升用户的忠诚度（例如微信）。

5.普惠

普惠即能够服务于社会各阶层，不仅需要有消费能力的高端用户，更需要不肯多花钱的所谓"低端"或"屌丝"用户。一方面，低端客户群体虽然个体消费能力有限，但如果有极大的用户规模，屌丝经济势不可挡（例如余额宝一上线即成为全国最大的货币基金源）；另一方面，低端客户群广，配合口碑营销等，能够带来巨大传播效果，并帮助企业找到最终的高端付费用户。

6.生态

很多人可能认为构建生态是一种战略级的措施，我们认为，构建生态，更多的是为了实现平台战略而执行的一种战术。这种战术，能够帮助互联网企业更好地扶植和培养商家，提升商家的忠诚度，建立平台的竞争壁垒，至少小米生态是如此。

四、实践与思考

如何充分利用大学有限的时间提高自己的互联网思维？请为自己量身定制一份计划表。

项目二 大数据思维

　　大数据发展日新月异，我们应该审时度势、精心谋划、超前布局、力争主动，深入了解大数据发展现状和趋势及其对经济社会发展的影响，分析我国大数据发展取得的成绩和存在的问题，推动实施国家大数据战略，加快完善数字基础设施，推进数据资源整合和开放共享，保障数据安全，加快建设数字中国，更好服务我国经济社会发展和人民生活改善。

——习近平

　　大数据思维是未来发展创新的关键点，在互联网思维的帮助下，可以有效地发现问题，再运用大数据思维去解决问题。这种解决问题的方式具有可预见性。互联网思维和大数据思维是互补的，大数据思维可以弥补互联网思维缺乏预见性这一缺点，而互联网思维也可以解决大数据思维所不具有的发现市场现状这一问题。互联网思维能在当前创新中发挥重大作用，而大数据思维可以在未来发挥作用。

　　随着大数据技术的深入人心，很多大数据的技术专家、战略专家、未来学学者等开始提出、解读并丰富大数据思维概念的内涵和外延。总体来说，大数据思维包括全样思维、容错思维和相关思维。

大数据思维

图片来源：http://image.baidu.com/search/detail？ct

一、全样思维

抽样又称取样，是从欲研究的全部样品中抽取一部分样品单位。其基本要求是要保证所抽取的样品单位对全部样品具有充分的代表性。抽样的目的是从被抽取样品单位的分析、研究结果中来估计和推断全部样品特性，是科学实验、质量检验、社会调查普遍采用的一种经济有效的工作和研究方法。

抽样在一定历史时期内曾经极大地推动了社会的发展，在数据采集难度大、分析和处理困难的时候，抽样不愧为一种非常好的权宜之计。例如，要计算洞庭湖银鱼的数量，我们可以事先对 10000 条银鱼打上特定记号，并将这些鱼均匀地投放到洞庭湖中。过一段时间进行捕捞，假设捕捞上来 10000 条银鱼，有 4 条打上了预先的记号，那么我们可以得出结论，洞庭湖大概有2500 万条银鱼。抽样的好处显而易见，坏处也显而易见。抽样保证了在客观条件达不到的情况下，可能得出一个相对可靠的结论，让研究有的放矢。抽样也带来了新的问题。首先抽样是不稳定的，从而导致结论与实际可能存在的差异非常明显。上面的例子，有可能今天去捕捞得到打了记号的银鱼4条，明天去捕捞有可能得到打了记号的银鱼400条。在很多情况下，不能抽样。例如为了获得中国的准确人口，从而为党和国家在制定政策、方针时更加符合时代要求，我们基本不会采用抽样，而是采用人口普查。所谓人口普查，就是获得中国所有人的样本，计算中国的精确人口数量。

李开复先生在《李开复自传》中写道，他邻居在院子的池塘里养了很多鱼，总是夸口说有100条。李开复老师不相信，趁着邻居一家人都出门了，几个孩子把池塘的水全舀干，仔细一数，发现根本没有100条鱼。从李开复老师的这个例子可以看出，李老师是一个从小就具有全样思维的人。

"大数据"与"小数据"的根本区别在于大数据采用全样思维方式，小数据强调抽样。抽样是数据采集、数据存储、数据分析、数据呈现技术达不到实际要求，或成本远超过预期的情况下的权宜之计。随着技术的发展，在过去不可能获取全样数据，不可能存储和分析全样数据的情况都将一去不复返。大数据年代是全样的年代，抽样的场景有利于小数据，最终将消失在历史长河中。

二、容错思维

在小数据年代，我们习惯了抽样。抽样从理论上讲，结论就是不稳定的。一般来说，全样的样本数量比抽样样本数量大很多倍，因此抽样的一丁点错误，就容易导致结论的"失之毫厘谬以千里"。为保证抽样得出的结论相对可靠，人们对抽样的数据精益求精，容不得半点差错。

这种对数据质量近乎疯狂的追求，是小数据时代的必然要求。这样，一方面极大地增加了数据预处理的代价，一大堆的数据清洗算法和模型被提出，导致系统逻辑特别复杂。另一方面，不同的数据清洗模型可能会造成清洗后数据差异很大，从而进一步加大数据结论的不稳定性。最后，在现实中，世界本身就是不完美的，现实中的数据本身就存在异常、纰漏、疏忽，甚至错误。将抽样数据做了极致清洗后，很可能导致结论反而不符合客观事实。这也是为什么很多小数据的模型在测试阶段效果非常好，一到了实际环境效果就非常差的原因。

大数据时代，因为我们采集了全样数据，而不是一部分数据，数据中的异常、纰漏、疏忽、错误都是数据的实际情况，其结果是最接近客观事实的。

三、相关思维

在小数据的时代，大家总是相信因果关系，而不认可其他关系，但是因果关系是一个非常不稳定的关系，"有因必有果"的结论也非常武断，在大部分情况下这种关系是错误的，或不合时宜的。以前大家都认为天鹅是白色的，"因为是天鹅，所以是白色的"曾被世界上所有人认为经典。但是当人们在澳大利亚发现真有天鹅是黑色的时候，世人关于天鹅的知识体系崩溃了。我们曾经引为经典，认为千真万确的牛顿力学理论，在高速运行的世界里全颠覆了，曾经认为理所当然的许许多多的因果关系荡然无存。这都说明因果关系是非常脆弱的，非常不稳定的。

在因果关系中，根源于数据抽样理论。因果关系的得出，一般分为如下几个步骤：

1.我们在一个抽样样本中，偶尔发现某个有趣的规律。

2.我们拿到另一个更大的样本中，我们发现规律依然成立。

3.我们在能见到的所有样本上都判断一下，发现规律依然成立。

4.我们得出结论，这个规律是一个必然规律，因果关系成立。

因果关系只要存在一个反例，因果关系就失败。从黑天鹅事件可以看出，上述步骤3并不是全样，当时欧洲人把所有天鹅都看了，所以他们下结论：天鹅都是白色的。当澳大利亚出现黑天鹅的时候，整个因果关系就瞬间崩塌了。

在大数据时代，我们不追求抽样，而追求全样。当全部数据都加入分析的时候，由于只要有一个反例，因果关系就不成立，因此在大数据时代，因果关系变得几乎不可能。而另一种关系就进入大数据专家的眼里：相关关系。很多男人去超市买了啤酒后会顺便买纸尿裤，但不是买啤酒就一定买纸尿裤。因此，啤酒和纸尿裤的关系不能算因果关系，而只能是一种相关关系。同样，女孩子裙子的长短与经济热度、摩天大厦与经济危机的关系都是一种相关关系，不是因果关系。

在大数据时代，思维方式要从因果思维转向相关思维，努力颠覆千百年来人类形成的传统思维模式和固有偏见，才能更好地分享大数据带来的深刻洞见。

大数据开启了一个重大的时代转型。大数据技术正在改变我们传统的生活以及理解世界的方式，成为新发明和新服务的源泉，而更多的改变正蓄势待发。大数据时代将带来深刻的思维转变，大数据不仅将改变每个人的日常生活和工作方式，改变商业组织和社会组织的运行方式，而且将从根本上奠定国家和社会治理的基础数据，彻底改变长期以来国家与社会诸多领域存在的"不可治理"状况，使得国家和社会治理更加透明、有效和智慧。

四、实践与思考

与同学们分享你所知道的大数据思维案例。

📖 知识拓展

大数据、云计算和物联网

物联网产生大数据，大数据助力物联网。目前，物联网正在支撑起社会活动和人们生活方式的变革，被称为继计算机、互联网之后冲击现代社会的第三次信息化发展浪潮。物联网在将物品和互联网连接起来，进行信息交换和通信，以实现智能化识别、定位、跟踪、监控和管理的过程中，产生的大量数据也在影响着电力、医疗、交通、安防、物流、环保等领域商业模式的重新形成。物联网手握大数据，正在逐步显示出巨大的商业价值。

大数据是高速跑车，云计算是高速公路。在大数据时代，用户的体验与诉求已经远远超过了科研的发展，但是用户的这些需求却依然被不断地实现。在云计算、大数据的时代，那些科幻片中的统计分析能力已初具雏形，而这其中最大的功臣并非工程师和科学家，而是互联网用户，他们的贡献已远远超出科技十年的积淀。

大数据、云计算和物联网的区别：大数据侧重于海量数据的存储、处理与分析，从海量数据中发现价值，服务于生产和生活；云计算本质上旨在整合和优化各种 IT 资源，并通过网络以服务的方式廉价提供给用户；物联网的发展目标是实现物物相连，应用创新是物联网发展的核心。

大数据、云计算和物联网的联系：从整体上看，大数据、云计算和物联网这三者是相辅相成的。大数据根植于云计算，大数据分析的很多技术都来自云计算，云计算的分布式和数据存储和管理系统(包括分布式文件系统和分布式数据库系统)提供了海量数据的存储和管理能力，分布式并行处理框架 MapReduce 提供了海量数据分析能力，没有这些云计算技术作为支撑，大数据分析就无从谈起。反之，大数据为云计算提供了"用武之地"，没有大数据这个"练兵场"，云计算技术再先进，也不能发挥它的应用价值。

物联网的传感器源源不断产生的大量数据，构成了大数据的重要来源，没有物联网的飞速发展，就不会带来数据产生方式的变革(即由人工产生阶段到自动产生阶段)，大数据时代也不会这么快就到来。同时，物联网需要借助于云计算和大数据技术，实现物联网大数据的存储、分析和处理。

云计算、大数据和物联网，三者会继续相互促进、相互影响，更好地服务于社会生产和生活的各个领域。

单元四

践行创新思维方式

🔊 **单元导入案例**

创新设计思维

大家还记得伟大工程师詹天佑及他主持修建的京张铁路吗？这是完全由中国人自己主持设计、自己施工修建的第一条干线铁路。在 20 世纪初时如此大胆的设计，在中国铁路建筑史上是一个不小创举，中国人又扬眉吐气了一次。

穿越八达岭的"人"字形铁路

图片来源：http://m.sohu.com/a/197578717_391270

京张铁路从南口北上要穿过崇山峻岭，坡度很大，按照国际的一般设计施工方法，铁路每升高 1 米，就要经过 100 米的斜坡，这样的坡道长达 10 多千米。外国媒体说："能在北京到张家口建造铁路的中国工程师还没出世呢。"为了缩短线路，降低费用，詹天佑大胆创新，设计了"人"字形铁路线路，为了安全、平稳，北上的火车到了南口以后，就用两个火车头，一个前面拉，一个在后面推，过了青龙桥，火车向东北方向前进，进入了"人"字形铁路线路的岔道口后，就倒过来，原先推的火车头改成拉，而原先拉的火车头又改成推，使火车向西北前进，这样一来火车上山爬坡就容易多了。这种以新颖、独特的方式解决铁路修建中坡度和动力难题的思维就属于典型的创造性思维(创新思维)。

项目一　发散思维与收敛思维

有时需要离开常走的大道，潜入森林，你就肯定会发现前所未见的东西。

——伟大发明家贝尔

一、发散思维

(一)含义

发散思维又称扩散思维、辐射思维、求异思维，是沿着不同的角度、不同的方向思考同一个问题，从多方面寻找解决问题的答案的思维方式。这是一种通过对既有思维对象的属性、关系、结构等重新组合，获得新观念和新知识，或者寻找出新的可能属性、关系、结构的创新思维方法。发散思维不是凭空臆造的，它的基础是既有的知识和经验。

(二)特点

1.全方位性

所谓发散，是从一点向多个方向或所有方向散开，如平行光线透过凹透镜后光线发生散射，又如礼花炸亮后烟火剂呈球面飞出。显然，发散思维是没有固定方向的，或者说，任一个方向都是可能的方向，不要过早说不行，去看看再说。全方位性是发散思维的根本特点。

2. 流畅性

流畅性是发散思维最基本的要求。我们说一个人思维流畅，是指他对所遇到的问题在很短时间内就能有多种解决的方法，而不是被堵死在某个点上，钻进了死胡同，转不过身来。流畅性衡量的是思维发散的速度，可以看作是发散思维"量"的表现。发散思维的流畅性包括字词流畅性、图形流畅性、数量流畅性、观念流畅性、联想流畅性、表达流畅性等，比如能在最短的时间里对某事物的用途、状态等做出准确的判断，提出最多的处理方法。

3. 变通性

变通性是指在多方向、多角度思考之间快速切换、极速联通的灵活程度，是发散思维"质"的表现，反映了发散思维的灵活性，是思维发散的关键。扇状扩张的灵活性是变通思维的基本特点。它在思维遇到困难时能随机应变，及时调整思考方式，开拓新的思路，发现死胡同立即掉头寻找新路，而不只是进行单向发散或局限于一隅。变通性需要思维者有探索曲折的自知和自我怀疑的豁达。有人把变通性叫作思维的弹性。没有弹性的思维不可能是创造性的思维。

4. 独创性

独创性也称为新颖性、求异性，指产生与众不同的新奇思想的能力，是发散思维的本质。独创性表现出发散思维的新奇成分，是思维发散的目的，也是发散思维最高层次的特点。这种思维能力使人们突破常规和经验的束缚，并对事物做出意外的反应，促使人们获得创造性的成果。运用发散思维，要求人们想得快，想得多，想得新，想得奇，这是许多科学家的共同特点。独创的反面是模仿、因循守旧或抄袭，非独创的结果不仅无关创新，还可能侵犯知识产权。

（三）常见形式

1. 辐射发散

辐射发散的基本程序为：面对一个已经确定的问题，以该问题为中心，在一定时间内向尽可能多的方向做积极的、辐射状的思考，不拘一格甚至是匪夷所思地探寻各种各样的答案和解决问题的方法。辐射发散的思考方式要求我们在寻求解决问题的答案时，要多方向地思考，像太阳那样由问题点向外做全方位辐射。

2. 关系发散

关系发散思维是指在观察、解释、利用某一事物时，避开单一僵化的思维方法，从与问题有各种关系的思维角度重新理解和诠释事物及其关系。

关系发散有两层意思。一层意思是充分分析某一特定事件所处的复杂关系网络，并在千头万绪中寻找出相应的思路；另一层意思就是在千变万化中重新理解和解释事物和它们之间的关系。

3. 因果发散

在习惯的思维中，因果关系在时间上是因在前、果在后，因果是时间序列上密切关联的两个事件；在空间里则是有因必有果，有果定有因，因果是一一严格对应的关系。但在创新思维中，因果关系是发散的。因果发散创新思维有三处与常规思维不同：（1）它认为一因可以多果，果是发散的；（2）它认为一果可能多因，因也是发散的；（3）它认为因和果是相对的，在一定条件下，因可以为果，果也可以为因。

因果发散思维是指以事情将成的"果"为辐射源，以"因"为半径，或反过来以"因"为辐射源，以"果"为半径，全面进行思维发散。以果溯因，可以推断产生某一结果的可能原因，找出有利原因作为解决问题的突破口，回避不利原因，预防出现不良结果。以因推果，可以预测未来的事情，避免盲目性。

4.特性发散

特性发散是发散性创新思维的重要方法之一，它告诉我们要以创新思维者特有的眼光看待事物的特性而不是只关注共性，即要重点关注事物每一现象、每一形态、每一种性质的背后都可能藏着与众不同的新启发和新用途。

当你遇到一个产品或看到一个现象特别是新产品或新现象时，应该先利用特性发散思维思考它有什么用、它还能有什么用。应用特性发散思维思考一个对象，关键要看这个对象和别的哪些因素有什么必然联系，从中寻找创新突破口。这要求我们在发散思考过程中，排除各种障碍，增加视角，如此才有可能发现它的更多属性。

二、收敛思维

（一）含义

收敛思维是创新思维的一种形式，也叫作聚合思维、求同思维、辐集思维或集中思维。发散思维是为了解决某个问题，从这一问题出发，想的办法、可能的途径越多越好，总是追问还有没有更好的办法、还有没有更好的途径。收敛思维也是为了解决某一问题，但它是在众多的现象、线索、信息中，追着问题的一个方向思考，在已有的经验、知识或发散思维中针对问题的诸多办法里，总是追问哪个办法最好、哪条途径最佳。收敛思维追求的目标是迅速地进行筛选，采用科学的方法将问题简化，最终做出正确的判断，选取较理想、较合适的方案，使问题得到正确地解决。发散思维像平行光线经过凹透镜的漫射光路，收敛思维则像平行光线经过凸透镜的聚焦光路。

（二）特点

1.目的性

目的性是思维活动的出发点和归宿。如果没有目的，思维定然是散乱的、无效的,自然也谈不上聚合。目的必须是唯一确定的、清晰完整的,不允许含糊其词、模棱两可,否则会茫然不知所为,所做的一切都迷失在发散的凌乱中。

2.聚合性

以集中思维为特点的收敛思维具有"向心性",是以某个思考对象为中心,从不同的方向将思维指向这个中心,以找到解决问题方法的思维方式。放大镜取火、太阳能灶等的工作原理都是应用光热转换的基本原理使太阳光聚集而获得较高温度的热能。思维聚合和太阳聚光这两个"聚"有着相似之处,聚光是把太阳能辐射聚集到焦点,以产生较高热量;聚合思维的作用是把来自四面八方的信息沿着某个方向聚集到目标上,从而创造出新的思维产品。

3.客观性

在思维过程中,无论是思维的原料还是思维的产品,尽管它们往往以概念化形式表现出来,但它们却必须是客观的,是能接受实践检验的,而不能是想当然的。

4.选择性

丰富的、多样化的信息是思维活动的基础,要达到思维目标,就必须对信息进行筛选,保留有用的和可能有用的,搁置乃至抛弃无用的。

三、发散思维与收敛思维关系

发散思维和收敛思维在思维过程中是相辅相成、互为补充的。发散是收敛的前导,收敛是发散的归宿。

如果只有思维的发散过程而无收敛过程,虽然可以迸发出许多闪光的智慧火花,但由于不能统一起来形成集中的思维力量,就会使思维失去控制而陷入混乱的无序状态。如果发散无边,还会出现幻想、空想和乱想,就不会获得所期望的成果。如果只有思维的收敛过程而无发散过程，则必然会抑制思维的活跃发展而导致思想的呆板和僵化，人类的思维将踏步不前而滞留在一个水平上，就不会有所发现、有所创新。因此，只有两者的有机结合，才有利于创新思维的发展。实际上，创新思维一般是先发散而后集中。在解决问题的早期，发散思维起着主要的作用，而在解决问题的后期，收敛思维则扮演着重要角色。人的思维往往需要经过反复的发散和收敛，才能最终整合出令人满意的创新方案。

四、实践与思考

结合自身的学习生活，运用发散和收敛两种思维模式发现、思考问题，与大家分享。

知识拓展

发散思维创造奇迹

第23届洛杉矶奥委会主席彼得·尤伯罗运用发散思维创造了奇迹。历史上历届奥运会都亏损严重，但第23届奥运会非但未负债，而且还盈利2亿美元，创造了震惊世界的奇迹。尤伯罗说，这次尝试能够获得成功要归功于他在美国佛罗里达州听了英国创造学家德博诺博士一个多小时关于发散思维的演讲。受该演讲的启发，他从节流与开源两方面进行思维发散，提出了解决奥运经费的方案：

1. 改造已有的体育场，尽量少建新馆。

2. 以广告为条件让麦当劳出资400万美元建游泳馆。

3. 利用假期大学生宿舍办奥运村。

4. 提前一年发售门票赚大笔利息。

5. 出售传递火炬传递接力权(3000美元/千米)。

6. 选择30家赞助厂商集资1亿美元。

7. 以 7500 万美元出售广播转播权给各国电视台。

8. 奥运会标志"山鹰"作为专利商品广泛出售。

这个案例告诉我们, 运用发散思维有着重大意义。

第 23 届洛杉矶奥运会

图片来源: https://baike.sogou.com/v543337.htm? ch = ch. bk. innerlink

项目二　正向思维与逆向思维

遇到难题时，我总是力求寻找巧妙的思路，出奇制胜。

——南方科技大学校长朱清时

一、正向思维

正向思维是指遵循已有的逻辑规范，朝着思维的目的进行惯常思考、探索问题的思维活动。在这里，"正向"意即常规，就是通常思考问题、处理问题的原则，即公理、原理、定理、定律、知识、经验等；"朝着思维的目的"，是指需要解决的问题。所以也可以说，正向思维就是运用已有的公理、原理、定理，去探索、解决问题的思维活动。我国中小学教育，甚至大学教育一般都是引导学生进行正向思维，也就是教学生用一把钥匙去开一把锁。

正向思维实际上就是演绎推理，它是从一般原理、概念得出个别结论的思维方法。比如，根据居民的货币收入与商品销售量的相关性，新建的住宅和新婚人数的相关性，婴儿服装销售量与当年婴儿出生数量的相关性，外出务工人员数量与原在地的相关性，感冒发病人数与患者增加率的相关性，进行大量的数据统计分析，找出有关变量之间的关系，推算出其将来的发展状况，运用的就是正向思维方法。

如果坚持正向思维，就应充分预估自己现有的学习、工作、生活条件及自身所具备的能力，就应了解事物发展的内在逻辑、环境条件、性能等，这是获得预见能力和保证预测正确的条件，也是正向思维法的基本要求。

二、逆向思维

（一）含义

逆向思维也称逆反思维或反向思维，它是相对人们习以为常、合情合理的正向思维而言的一种思维方式。逆向思维是朝着正向思维的相反方向去想，常常有悖于常理。平常所说的反过来想一想、倒过来看一看、唱唱反调、推推不行就拉拉看等都属于逆向思维。

创造学中的逆向思维是指为了更好地想出解决问题的办法，或者提前否定不能解决问题的办法，有意识地从正向思维的反方向去思考问题。逆向思维作为一种思维方式是有客观依据的，不是什么都要作对、什么都拧着干。你要往东我偏要往西，你要关门我偏要把门打开，这不是逆向思维，而是作梗抬杠。辩证唯物法的对立统一规律揭示了任何事物或过程都包含着相互对立的因素，都是相反的对立面的统一体。由于事物内部相互对立因素的存在，事物的发展就存在两种相反的可能性，不同的人可能会以相反的因素为依据沿着相反的方向进行思考，产生相互对立的看法，这是普遍的现象。

（二）分类

具体的逆向思维可分为 5 类，即结构逆向、功能逆向、状态逆向、原理逆向、序位逆向。

1. 结构逆向

结构逆向就是从已有事物的结构形式出发所进行的逆向思维，通过结构位置的颠倒、置换等技巧，产生新事物，或使该事物产生新的性能。

2. 功能逆向

功能逆向是指从原有事物功能的角度进行逆向思维，以寻求解决问题的措施，获得新的创造发明的思维方式。

3. 状态逆向

状态逆向是指人们根据事物某一状态的反向或相对方向来认识事物，从中找出解决问题的办法或方案的思维方法。

4. 原理逆向

原理逆向是指从相反的方面或者相反的途径对原理及其应用进行思考的思维方法。

5. 序位逆向

序位是指顺序和方位，顺序又指时序或程序，方位又指方向和位置。序位逆向是指对事物的顺序和方位逆向变动，以产生新的较佳效果的思维。

（三）特点

1. 普遍性

逆向思维在各个领域、各种活动中都有广阔的适用性。在很多场合中，我们会怀疑一些决定，会预判一些结果，会反过来思考，其实，我们正在无意中使用逆向思维。对立统一规律是普遍规律，而对立统一的形式又具有多样性，只要有一种形式，相应地就提供了一个逆向思维的角度，所以，逆向思维也有无限多种形式，具有很强的普遍性。

2. 批判性

逆向是与正向比较而言的，正向是肯定的，而逆向是批判的。正向是指常规的、常识的、公认的或习惯的想法与做法；逆向思维恰恰相反，是对传统、惯例、常识的反驳，是对常规的挑战。批判性能够克服思维定式，破除由经验和习惯造成的僵化的认识模式。

3.新颖性

循规蹈矩的思维和按照传统方式解决问题的做法虽然简单，但容易使思路僵化、刻板，摆脱不掉习惯的束缚，得到的往往是一些天经地义、司空见惯、本应如此的答案。其实，任何事物都具有多面性。由于受过去经验的影响，人们容易看到熟悉的一面，而对不熟悉的另一面却视而不见甚至简单地否定。逆向思维就能克服这一障碍，其结果往往是出人意料，犹如雨后的阳光，给人以耳目一新的感觉——哦，竟然可以是这样的！

三、正向思维与逆向思维关系

正向思维和逆向思维在思维过程中是对立统一的关系，二者相辅相成、互为补充、相互转化，把同样起作用、同样正确，但彼此完全对立的概念、印象和思想统一起来，产生创造性的结果，使对立的性质在联系中融合、合并、消失，从而出现事物的新功能和新作用，只有两者的有机结合，才有利于创新思维的发展。

四、实践与思考

1.寻找发现周边运用正向和逆向两种思维模式的例子，与大家分享。

2.有效利用两种思维模式思考自己的人生。

知识拓展

逆向思维下的艺术创作

2016 年在法国的 Riorges 举办的大地艺术展"a ciel ouvert"，有一件叫作 ENCERCLER 的参展作品，该作品将一棵一直以来默默无闻、毫不起眼的大树隔离起来，试图引起人们对它的注意。

大地艺术展作品 ENCERCLER

图片来源：http://www.wendangku.net/doc/ddcaeb7b02d276a201292ef6.html

作品 ENCERCLER 的幕后设计者是一位 28 岁的来自巴黎的建筑师、艺术家 Gwendal Le Bihan 和一位 27 岁的来自鹿特丹的建筑师 Mikaël Pors。他们的设计思路不是在大树旁边创作一个雕塑作品，吸引人们主动走到大树旁边来，而是在大树周围围上了一圈波纹铁皮墙。铁皮墙宽 18 米、高 3 米，它切断了走近大树的道路，让展览"a ciel ouvert"的参与者无法靠近大树，甚至没办法看到墙后面是什么。作品 ENCERCLER 是 Le Bihan 和 Pors 的逆向思维的体现，它成功地把观众吸引到了这个被隔离的地点，让人们因为它内在的隔离本质而感到沮丧。

生机盎然的大树和空白的、没有活力的墙形成了鲜明的对比，树木是在不断地生长的，它的生长不受底下粗糙的金属墙的影响。ENCERCLER 是对城市扩张效应的简单回应，它提醒我们非常有必要留心将来是否会被大自然完全隔离。通过仅仅不让我们靠近一棵树，它让我们去关注可能的未来，一旦展览结束墙也可能不会被拆走，由此我们可以想象，一旦我们把自己和大自然隔离，这种屏障也可能会无法消除了。

项目三　纵向思维与横向思维

发明就是和别人看同样的东西，却能想出不同的事物。

——诺贝尔物理学奖获得者艾伯特·詹奥吉

一、纵向思维

（一）含义

纵向思维是指在一种结构范围内，按照一定顺序的、可预测的、程式化的方向进行思考的线性思维形式。这是一种符合事物发展方向和人类认知习惯的思维方式。纵向思维遵循由低到高、由始到终、由浅到深等线索，因而痕迹清晰，过程明了，合乎逻辑。收敛思维、正向思维都是纵向思维。纵向思维是既具有递进性、渐变性，又具有纵向跳跃性、突破性等特点的连续过程。具有这种思维特点的人，对事物的见解往往循序渐进，有条有理，一针见血，入木三分，对事物的动态把握能力较强，具有很强的预见性。我们日常学习、生活、工作中大多采用这种思维方式。

（二）特点

1.有贯穿始终的思维轴线或思维平面

当人们进行纵向思考时，必须抓住事物的不同发展阶段所具有的特征进行考量、比照、分析。事物体现出发生、发展、结果、再发展等一系列片段构成的连续动态演变特性，而所有片段都由本质轴线或平面贯穿始终。时间轴（即事件片段的先后顺序）是最常见的一种轴线。在各个领域的专项研究中，轴线或平面的概念类型就非常多。

2. 有清晰的阶段性

无论正向还是逆向，纵向思维考察事物的背景都有若干个关键点，在这些点上，参数有从量变积累发生质变的特征，这些参数就是临界值，能够准确地把握临界值，清晰界定事物的各个发展阶段，是纵向思维的长处。

3. 有高度的稳定性

因为人们习惯于纵向思维，所以运用纵向思维的人会在设定条件下进行一种沉浸式的思考，思路清晰、连续、单纯、坚定，印象深刻，不易被干扰，即便被打断也能很快接上，而不会迷失。

4. 有明确的目标性

无论发散还是收敛，纵向思维都有明确的目标，都是为了实现某种目的。发散思维看似天女散花，但目的也只有一个，最终还是要收敛。

5. 有强烈的风格化

纵向思维具有极高的严密性和极强的独立性，个性突出，风格难改，不易被复制。思维习惯表现在人的性情方面就更显得泾渭分明，不同的人之间甚至会格格不入。有的人雷厉风行，有的人不紧不慢，有的人金口难开，有的人喋喋不休，有的人大大咧咧，有的人谨小慎微，很多专家都是这些性格中的某一种人。

二、横向思维

(一)含义

横向思维又称"水平思考法"，就是感性的思考。横向思维者是对问题本身提出问题、重构问题，它倾向于探求所有的不同方法去观察事物，而不是接受最理想、最有希望的现有方法。横向思维是一种打破逻辑局限，将思维往更宽广领域拓展的前进式思考模式。横向思维就好像尝试挖掘水井，若一处挖到一定深度不见水，就不再一股劲儿往下挖，而是换个地方再挖。因此，横向思维的特点在于不限制任何范畴，而是以偶然性概念来逃离逻辑思维。

这种没有目的、没有道理、着实像乱碰乱撞的思维方法有点让人难以接受。但是，横向思维确实是可以创造出更多匪夷所思的新想法、新观点、新事物的一种创造性思维，而这些新想法、新观点、新事物并不是一开始就作为目标来创造的。

(二)促进横向思维方法

横向思维创新的要求比纵向思维高，更需要不断训练促进提高。促进横向思维的方法主要有6种。

1.对解决问题要产生多种选择方案，这类似于发散思维。如果只有一个方案，再无可选择的，那么，就只能按既定的传统方法去做，没有创新的余地。

2.打破思维定式和思想顾虑，敢于且善于提出富有挑战性的假设，不怕不可能。要创新，必定要迈出尝试的第一步，这一步是从0到1的飞跃。走一圈可能会回到原地，但这时的你已经不是出发时的你；而如果总是不走，那么你永远只是停留在一个时刻上。

3.对头脑中冒出的新主意、新想法不急于做是非判断，让它们再沉淀一下，再发酵一下。横向思维没有是非，只有探寻和放弃。再沉淀一下，再发酵一下，是为了等待成熟的时机。

4.用已经建立且较完善的模式以完全相反的方式去思考，以产生新的看法，这类似于反向思维。

5.对他人提出的建议、批评或否定要持开放态度，让他人头脑中的主意刺激自己的头脑，通过交叉刺激获得灵感。对于创新，既要自信，又要承认在创新路上还有大量待解决的问题；既要乐观，又要做好被大雨淋得通身湿透的心理准备。

6.拓宽知识面，认真观察社会和大自然，多结识各个领域、各个行业的朋友，尽量开阔视野。不要认为我是学理工科的，所以不通文史是理所当然；也不能说我是学医的，相对于我而言就是八竿子打不着。人类知识都是相通的，今天暂时没有通，他日一定会通。人类文明就是这样一步步走过来的。

三、横向思维与纵向思维的联系与区别

纵向思维与横向思维是相对而言的。一般来说，纵向思维是一种以时间为维度的思维，它注意事物的过去、现在和未来的比较与分析，反映出思维的深度，而横向思维则是以空间为维度而进行的思维，它是以当前的事物为落点与同一时间内的其他事物进行比较和分析，反映出思维的广度，纵向思维是按部就班的、具有分析性的，它的每一步必须准确无误，朝着明确的目的地前行，否则无法得出正确的结论；而横向思维是腾挪跳跃的、具有启发性的，它旨在寻找创造性的新想法，边行边找目标，所谓正确、错误，由能否找到目标来定。纵向思维使用否定来堵死某些途径，及时回到任务的主轴线上来；而横向思维因为无正确、错误的阶段判定，所以没有否定的概念。

四、实践与思考

深刻理解两种思维的含义灵活运用到自己的专业学习当中，并与人分享。

知识拓展

蛙声十里出山泉

1951年夏天，老舍到齐白石家做客，老舍从案头拿起一本书，随手翻到清代诗人查慎行一首诗《次实君溪边步月韵》，有意从诗中选取一句"蛙声十里出山泉"，请齐白石用画去表现听觉器官感受到的东西。齐白石经过深思熟虑，创作出了《蛙声十里出山泉》这幅名作。

在这幅作品中，画面上没有蛙，而有如闻蛙声之感。在四尺长的立轴上，用简略的笔墨在一远山的映衬下，从山涧的乱石中泻出一道急流，六只蝌蚪在急流中摇曳着小尾巴顺流而下。人们见到摇头摆尾活灵活现的蝌蚪游荡在溪水的源头，自然会想到蛙和蛙的叫声。我们的思维与激情也相应地随着画面各种元素的展开而构建各种意境。

该画不是直接去描写那些鼓腮鸣叫的青蛙，而是把重心放在对"远山""山涧""急流""蝌蚪"的处理上，反映出齐白石老人艺术思维的广度，是一种横向思维的体现。

齐白石作品《蛙声十里出山泉》

图片来源：https://news.artron.net/20140831/n648499.html

艺术创作思维

舞蹈《抢花鞋》

https：//v. youku. com/v_show/id_XNDYxNjgwNjM2MA％3D％3D. html

推荐艺术作品：

舞蹈《火塘边》https：//video. tudou. com/v/XMjI2OTgyNTkyOA＝＝. html

舞蹈《长长的花头帕》https：//compaign. tudou. com/v/XMjI4MDU2NTA0OA％3D％3D

纪录片《蜡染湘西》https：//v. youku. com/v_show/id_XMjc5OTY1MDM0NA％3D％

3D. html

纪录片《一颗红糖的梦想》https：//v. qq. com/x/page/n05686wnurz. html

纪录片《湘声·吆喝》https：//v. qq. com/x/page/t0845jpzoue. html

独幕剧《永远的温暖》

湘剧高腔《书香天下》

音乐剧《风华正茂》

民族管弦乐《梦聆湖湘》

风华正茂

书香天下

永远的温暖

不能忘却的记忆

天堂瑶寨

文化自信助扶贫

浮沉

湖南的刘海哥何冬保

挥舞人生

追寻

家慈

满江红

TRIZ点燃艺术创作

单元导入案例

李约瑟难题

英国著名的科学家英国皇家学会会员李约瑟①经过对《中国科学技术史》的研究提出了一个问题：尽管中国古代对人类科技的发展做出了非常重要的贡献，如四大发明很大程度上影响了整个人类的历史文明的进程，但是到了中国近代，中国的科学技术发展却停滞不前，甚至于非常落后。这是为什么呢？他认为其中一个很重要的原因是中国人太讲究实用，一些发现或者发明往往只停留在经验阶段，没有进一步去挖掘它的价值。中国还有一位非常著名的教育学家蔡元培先生，他在对中国的历史文

李约瑟博士

化进行了分析之后，也得出了一个跟李约瑟先生非常类似的结论，他说中国没有科学的原因在于没有科学的方法。我们现在提出了要建设创新型国家，那么很重要的一个原因就是中国的创新还不得其法。本单元给同学们介绍一种在实际生活中看得见、摸得着的创新方法——TRIZ。在灵感枯竭的时候，它像是一本刺激灵感的实施手册，帮助你在创作过程中勾勒出灵感蓝图。

---

① 图片来源：https://mr.baidu.com/r/qut2avg? f = cp&u = 57e738625635821e

项目一　结识朋友 TRIZ

与世界领先的工业公司合作时，我意识到了一种强大的方法论，该方法论已有四十多年的历史，但直到最近才在西方世界被广泛运用。TRIZ 可以帮助企业进行技术创新，是一种系统的方式，可以帮助企业和个人发挥最大潜力。

——Daniel Burrus Burrus 研究协会

一、TRIZ 是什么?

TRIZ 是俄语 теории решения изобретательских задач 的首字母缩略词，翻译为"创造性问题解决理论"；中文也译作"萃智"或者"萃思"，取其"萃取智慧"或"萃取思考"的含义。该理论是 1946 年至 1985 年期间，苏联工程师、科学家根里奇·阿奇舒勒(Genrich S. Altshuller)及其同事开发的一种创造系统。TRIZ 是一种用于理解和解决问题的系统方法，它可以让你思路清晰并产生创造性思想。

　　TRIZ 认为，创新的普遍原则构成了创新的基础。它成功地揭示了创造发明的内在规律和原理，使创作过程更加可预测。换句话说，无论遇到什么问题（或非常相似的问题），某个地方的某人已经解决了它。TRIZ 理论着力于澄清问题解决系统中存在的矛盾，其目标是完全解决矛盾以获得最终理想解。它是基于技术的发展、演化、规律，研究整个设计和开发过程，不再是随机的行为。TRIZ 在产品开发、设计工程和过程管理中发挥了很大作用。实践证明，运用 TRIZ 理论可以大大加快人们创造发明的进程，并得到高质量的创新产品。

二、TRIZ 的核心思想

　　根里奇·阿奇舒勒发现：技术系统的演化过程不是随机的，而是有客观规律可循的，在不同领域反复出现。TRIZ 的核心思想是：

　　（1）在解决发明问题的实践中，人们经常遇到的各种矛盾和相应的解决方案都是重复的。

　　（2）用于彻底解决技术矛盾的创新原则和方法的数量并不多，可以由普通科技人员学习和掌握。

　　（3）解决本领域技术问题最有效的原则和方法，通常来自其他领域的科学知识。

　　阿奇舒勒发现，"真正的"发明专利通常需要解决问题中隐藏的矛盾。所以体系结构规定是否存在矛盾是区分传统问题和发明问题的主要特征。发明问题是指必须解决至少一个矛盾（技术矛盾或物理矛盾）的问题。

三、发明的五个等级

　　在最初审查了 200000 份专利摘要之后，阿奇舒勒选择了 40000 份作为高级发明解决方案的代表。其余涉及创新改进，这些改进在系统的专业范围内很容易识别。在 20 世纪 60 年代至 20 世纪 70 年代，他将解决方案分为 5 个级别。

级别 1　通过专业领域内众所周知的方法解决常规设计问题。通常不需要发明。大约32%的解决方案属于这一水平。

示例：用煤书写

级别 2　使用行业内已知的方法对现有系统进行较小的改进。大约45%的解决方案达到了这一水平。

级别 3　使用行业外已知的方法对现有系统进行根本性的改进。大约18%的解决方案属于此类。

级别 4　新一代系统，它包含执行系统主要功能的新原理。解决方案在科学领域比技术领域更常见。大约4%的解决方案属于此类。

级别 5　本质上是新系统的罕见科学发现或开创性发明。大约1%的解决方案属于此类。

示例：石墨铅笔（包裹的煤棒）

图片来源：https://balaramadurai.net/blog/2017/04/04/TRIZ – case – studies/

示例：墨水笔（墨水代替煤）

图片来源：http://product.dangdang.com/1265783096.html

示例：打印机（另一个用于书写的整个系统）

图片来源：https://www.zcool.com.cn/work/ZMTMyMzIwNjQ=.html

示例：电子笔和纸

图片来源：https://www.hatdot.com/keji/929677.html

他还指出，在每个级别上，解决方案的来源都需要更广泛的知识和更多的解决方案，才能找到理想的解决方案。他的发现总结在表1。

表1　发明水平

水平	创新程度	解决方案的百分比	知识来源	要考虑的解决方案数
1	表面解决方案	32%	个人知识	10
2	小改进	45%	行业内的知识	100
3	重大改进	18%	跨行业的知识	1000
4	新概念	4%	跨学科的知识	100，000
5	重大发现	1%	最新的知识	1，000，000

阿奇舒勒认为，工程师面临的问题中有90%以上以前已经解决过。如果工程师们可以从最低的水平，他们的个人知识和经验开始，并逐步发展到更高的水平，从而朝着理想解决方案的道路前进，那么大多数解决方案都可以来自本行业、跨行业或跨学科中已经存在的知识。

四、实践与思考

请根据各级发明的特点，举出一些日常生活中的发明实例。

级别1 _____。

级别2 _____。

级别3 _____。

级别4 _____。

级别5 _____。

知识拓展

在使用人造金刚石①进行工具制造时存在的问题是，存在不可见的裂缝。传统的钻石切割方法通常会导致新的裂缝，直到使用钻石后才出现。我们需要的是一种沿着钻石的自然裂缝分裂钻石晶体而不会造成额外损害的方法。最后工程师创造性地使用了一种在食品罐头中切青椒并去除种子的方法：首先将青椒放入一个密闭室中，在该密闭室中将气压增加到8个大气压，辣椒在茎上收缩和

钻石切割

图片来源：https://m.ilovezuan.com/article-20108.html

破裂。然后，压力迅速下降，导致辣椒在最弱的位置破裂，种子荚被弹出。应用于钻石切割的类似技术导致晶体沿其自然断裂线分裂，而其他部分没有损坏。

---

① 图片来源：https://m.ilovezuan.com/article-20108.html

项目二　你需要了解 TRIZ 的一些主要概念

TRIZ 可以看作是对最优解的系统研究，起初侧重于研究专利，然后演变为研究科学、艺术、商业、社会方面的卓越性。这项研究提出了 5 个关键的哲学要素（顺序不分先后）：

1. 最终理想解：系统不断发展，不断提高，减少不利因素；

2. 资源：最大化系统内部和周围事物的效率；

3. 时空：根据系统的时空背景查看系统；

4. 功能性：考虑系统功能的重要性；

5. 矛盾：消除矛盾是主要的发展动力。

其中一些哲学元素是 TRIZ 所独有的。有些在其他类似的创造力研究中有先例。在这 5 个哲学要素中，最重要的两个概念是最终理想解和矛盾。

一、最终理想解（IFR）

TRIZ 的所有教学方法都认为，在应用 TRIZ 的任何技术工具之前，必须先明确定技术问题。进行问题分析和定义的三个主要活动是：制定理想的最终结果；功能分析和整理；查找问题区域。

最终理想解（缩写为 IFR）是使技术和产品最终处于相对理想状态。它侧重于客户需求或所需功能，而不是当前流程或设备。制定 IFR 的目的是通过解决问题或客户需求的根本原因来消除返工的可能（即一次性用最优法解决问题）。IFR通过考虑解决方案而不是中间问题来获得突破性的解决方案。理想化的公式为：

$$理想化 = S 收益 / (S 成本 + S 危害)$$

最终理想解给出了技术问题的解决方案，而不受原始问题的约束。理想的方案不占空间，不需要劳力，不需要维护。IFR具有以下4个特征：

1. 消除了原始问题的缺陷；

2. 保留了原始系统的优点；

3. 不使系统更加复杂(使用可用的资源)；

4. 不引入新的缺点。

制定IFR时，可以对照上述4个特征对其进行检查，并根据等式进行检查以提高理想性。

案例：改善割草机

以电动割草机为工具，以草坪为切割对象。

割草机嘈杂，使用燃料，需要人类的时间和精力，产生空气污染，扔掉的碎片可能危害儿童或宠物，并且难以维护。我们可以立即针对问题设置解决方案并确定优先级，以改善燃油使用量、降低噪声、提高安全性等。如果我们定义最终理想解，我们可以获得对割草机和草坪护理行业的未来更好地了解。

客户想要什么？每当问这个问题时，都会得到相同的答案——客户想要没有问题的漂亮草地。机器本身不是解决方案的一部分。我们发现，至少有两家制造割草机的公司正在试验"聪明的草种子"，这种草经过基因改造，可以长成刚刚好的长度，然后停止生长。这就是改善割草机的最终理想解！

IFR是一种心理工具，引导我们使用技术工具。制定IFR可以帮助您查看问题的约束条件，并考虑自然法则的约束条件，以及哪些约束条件是自我施加的。例如，在"安静的割草机"情况下，我们可以选择继续使用金属切割刀片，以解决维护和安全问题，但是我们用电动机代替了汽油发动机，从而消除了最主要的噪声源。

图片来源：https://graph.baidu.com/api/proxy? mroute = redirect&sec = 1589809348258&seckey = f1e7dc4f3a&u = http%3A%2F%2Fyardandgardenguru.com%2Fbest-self-propelled-lawn-mower%2F

总之，通过制定理想的最终结果来开始解决问题，能够帮助我们：

- 鼓励突破性思维；
- 禁止采取不太理想的解决方案(拒绝妥协)；
- 讨论。讨论将清楚地确定项目的边界。

二、矛盾

TRIZ 的另一个哲学要素是大多数创新问题的根源都存在根本矛盾。在许多情况下，解决问题的可靠方法是消除这些矛盾。包括技术上的矛盾和物理矛盾。

1.技术上的矛盾。这些是经典的工程"权衡"，当技术系统某个特性或参数得到改善时，常常会引起另外的特性或参数的恶化。换句话说，当某事变得更好时，其他事会自动变得更糟。例如：

- 产品变强（好），但重量增加（坏）。
- 服务是为每个客户定制的（好），但是服务交付系统却很复杂（不好）。
- 培训是全面的（好的），但员工牺牲了工作时间（不好的）。

2. 物理（或"固有"）矛盾。是指系统同时具有相反要求的状态，在这些情况下，对象或系统要承受相互矛盾的相反要求。例如：

- 软件应该很复杂（具有许多功能），但应该简单（易于学习）。
- 咖啡应该是热的（可以享用），但也是凉的（以免烫到饮用者）。
- 雨伞应该大（以防雨淋），但也应该小（在人群中可方便行动）。

解决物理矛盾的根本方法是分离。根据空间、时间和比例的基本类别将需求分开，再一一攻破。

三、实践与思考

小家具店的店铺陈列问题。一家家具店想吸引顾客，因此需要陈列家具。但是，它还需要有足够的存储空间，保持产品系列的完整。店主该怎么做？

案例：长江水面到底有多宽？

光绪十五年（1889 年），清末名臣张之洞调任湖广总督，谭继洵升任湖北巡抚。二人地位相当，个性都很要强，经常发生口角。一天，在武昌黄鹤楼举行公宴，相互敬酒。座中突然有人问到面前长江水面的宽度。张说是七点三里，谭说是五点三里。双方争得面红耳赤，谁也不肯服输，一时又无人判断谁是谁非。张之洞突然想起江夏（火昌）县令陈树屏，说他应该最了解，于是立刻派人去请。陈树屏刚一进屋，张、谭两人便异口同声地请他回答长江水面宽度的问题。陈应声答道："水涨时是七点三里，水退后只有五点三里。二位说的都对。"张、谭听后都哈哈大笑，争辩立刻停了下来，两人重新把酒言欢。

陈树屏妙语解纷是一个典型的条件分离原理的应用：在当时的局面下，如果他附和张、谭任何一人的观点，无疑都会让另一人下不来台，甚至会引

长江水面

发更激烈的冲突。陈利用江面宽度在深水、退水不同条件下的变化，消除了要求其非此即彼的关键矛盾，从而取得了双方认同的理想结果。

资料来源：http://licba. haidu. com/p/59710288647 tmceid =. 内容有删改。

项目三　TRIZ 常用的两种创新方法

一、九屏幕法

阿奇舒勒提出了一种九屏幕法(也称为系统运算符)，即对整体情景进行考虑，不仅思考当前的系统和讨论的问题，而且需要讨论它们在层次和时间上的位置和角色。他认为，可以将世界看作一个系统，将"屏幕"看作是区分天才发明家(或任何利用创造力超群的人才)思维和不从事创造性活动的人思维的关键特征之一。它是帮助创造者解决实践中难题的清晰思维方法。

如下图所示。它由九个盒子或"屏幕"组成，其中显示：当前系统(中央盒)；表示其超系统和子系统的上下盒，以及表示系统的过去和未来的盒子，包括其过去和未来的超系统和子系统。

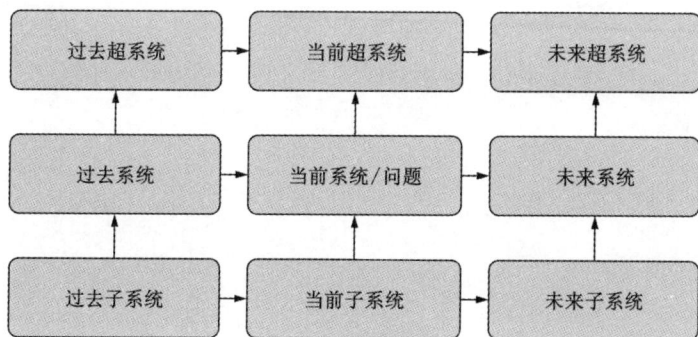

九屏幕法的核心思想是，当我们试图有效地预测一个系统的未来演变时，仅仅关注该系统是不够的，需要考虑其超系统的过去和未来变化的信息，这些变化会对系统的演变产生影响。因此，所分析系统的边界必须沿时间和空间轴扩大。通过考虑当前系统的演变将如何影响其超级系统的演变，超级系统的演变将如何影响子系统的演变进行预测。此外，重要的是要了解哪些因素可以被认为是驱动系统演变的因素，因此必须分析系统的过去几代与其最新一代之间的联系，以提取这些信息。

例，运用九屏幕法分析"多屏"伞的创新过程。

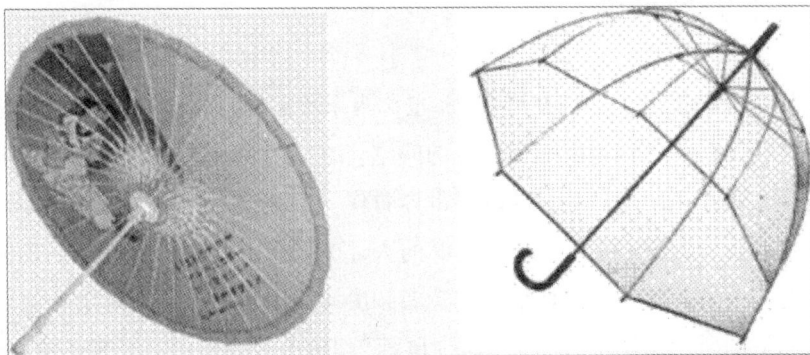

精选的前代和现代雨伞

图片来源：https://h5.m.taobao.com/awp/core/detail.htm? id = 610055208669&s = taobao.com&tracking_id = 11839339310&unid = F0000002ZZ0005fsu4oe

第一步，分析哪些组件属于两个伞的子系统和超系统。

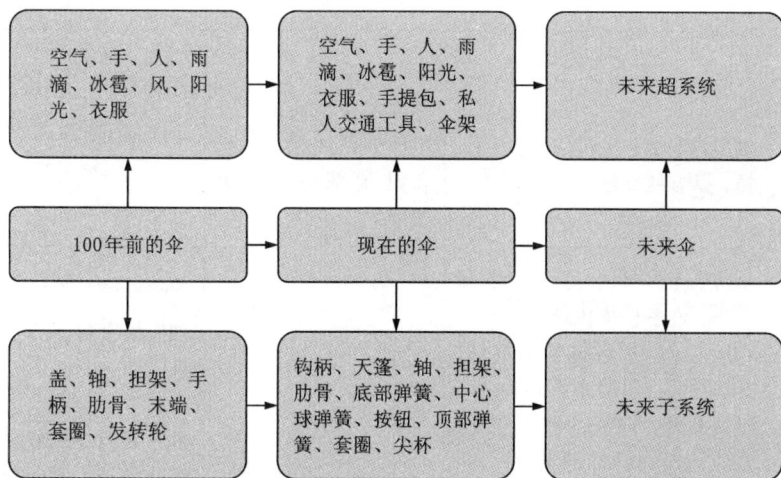

```
┌─────────────┐      ┌─────────────┐      ┌─────────────┐
│空气、手、人、雨│ ───> │空气、手、人、雨│ ───> │             │
│滴、冰雹、风、阳│      │滴、冰雹、阳光、│      │  未来超系统   │
│光、衣服       │      │衣服、手提包、私│      │             │
│             │      │人交通工具、伞架│      │             │
└─────────────┘      └─────────────┘      └─────────────┘
      ↑                    ↑                    ↑
      │                    │                    │
┌─────────────┐      ┌─────────────┐      ┌─────────────┐
│ 100年前的伞   │ ───> │   现在的伞    │ ───> │   未来伞     │
└─────────────┘      └─────────────┘      └─────────────┘
      ↓                    ↓                    ↓
┌─────────────┐      ┌─────────────┐      ┌─────────────┐
│盖、轴、担架、手│ ───> │钩柄、天篷、轴、│ ───> │             │
│柄、肋骨、末端、│      │担架、肋骨、底部│      │  未来子系统   │
│套圈、发转轮    │      │弹簧、中心球弹簧│      │             │
│             │      │、按钮、顶部弹  │      │             │
│             │      │簧、套圈、尖杯  │      │             │
└─────────────┘      └─────────────┘      └─────────────┘
```

图通过识别它们过去和现在的子系统和超系统来分析不同时代的伞。

第二步，选择每个被更改的子系统，并描述它经历了哪些创新变化。针对每一项变化。例如，我们忽略了这样一个事实，即木材作为轴的一种材料被金属（或塑料）取代。

表2　探索功能变化

轴	创新变革		
	变成了伸缩器	变得空洞	包含开口
删除有用的功能	没有	没有	没有
添加新功能	提供轴的延伸和收缩	为弹簧提供空间 提供插入另一管的空间	为按钮提供 开放空间
影响现有功能	更难打开	没有	没有
影响现有质量	更容易打破	容易变形	水可以进去 按钮卡住了
影响现有业绩	有更多时间打开伞	没有	没有
影响生命周期	更难装配 更难利用 更难生产	更难生产	更难生产

表3 探讨矛盾

轴	创新变革		
	变成了伸缩器	变得空洞	包含开口
影响现有矛盾	轴应该长，以舒适地使用伞，短，以方便交通	轴应该是空心的，以提供伸缩效果，并包含其他部分。避免变形	没有
创造新的矛盾	轴应包括一件，易于组装和维护，许多件提供伸缩效果 轴应复杂，以提供伸缩效果，并应简单，以防止破碎 轴应复杂，以提供伸缩效果，并应简单，以更容易生产和回收 轴应包括若干块，以保持短，并保持一块，以避免太多的努力打开 轴应包括几块保持短，并保持一块，以避免花更多的时间开放		轴应该密封，以防止水进入和打开，让按钮移动 打开必须是狭窄的，不要让雨进入和足够宽，以避免按钮被阻塞在里面 轴应含有开口为按钮提供路径，并且不包含开口以更容易生产

对表3的研究结果表明，在矛盾方面存在下列问题和挑战（只显示矛盾的要求）：

1. 轴应长而短

2. 轴应复杂而简单

3. 轴应为空心，单棱

4. 轴应完全密封，并含有开口

5. 轴柄内的洞口必须窄而宽

6. 轴应含有开口，不含开口

注意，前两个矛盾是指两个时期的伞，而剩余的矛盾只存在于最新一代的伞中。虽然过渡到伸缩轴部分解决了与轴的长度之间的矛盾，但仍然没有得到充分的解决，因此被列入了现有的问题清单。

第三步,进行检查分析,如表4。

表4 检查分析对比

未来变化	影响			
	系统	分系统	新职能	矛盾
防水服	伞消失了。其功能转移到衣服上	不应再防雨了	功能保护免受雨水的侵蚀	
城市地区被雨/帆保护覆盖	不需要雨伞			
较小的携带袋	整把伞应该变得尽可能小(例如,装在口袋里)	机棚、轴		所有的伞的大部分都应该是大的,以防下雨,方便使用,小的变成便携式
气候控制/消除人口稠密地区的雨水	伞只供城市以外使用		保护城市以外地区,免遭雨淋	伞在城市中不存在,只有在城市外面才出现
露天旅行时间较短	无影响	无影响		

在收集和分析了所有信息之后,所有发现的问题都总结并排序,以确定创新优先事项。对问题进行排序不是九屏幕法的硬性要求,可以使用任何排序方法。

总结,九屏幕法步骤如下:

1.分析当前系统对过去和未来系统的问题和变化,并绘制九屏幕。

2.从子系统和超系统的角度分析哪些因素对当前系统的发展产生了负面影响。

3.了解我们想要改变和改进的东西,以便创造一个更合理的系统。

4.根据问题来解决开发下一代的系统。

九屏幕法只能从单一的角度进行系统分析：探索从过去几代系统过渡到最新一代系统所造成的问题和挑战。因此，进一步发展九屏幕法将侧重于将九屏幕法与其他分析方法和创新路线图相结合。

二、40 个发明原则

阿奇舒勒在研究了 200 万项专利后发现，大多数发明都表现出重复出现的模式并遵循某些原理，他将其归类为 40 种发明原理的通用列表，这些原理被称为 TRIZ 40 原理。这 40 条原则是通用的，可以应用于不同的问题、产品和行业，以创建系统的创新解决方案。以下是 40 条原则的清单。

原则 1　细分

1. 将对象分为独立的部分。

- 用个人计算机代替大型计算机。
- 用卡车和拖车代替一辆大卡车。
- 对大型项目使用工作分解结构。

2. 使物体易于拆卸。

- 快速断开管道中的接头。

3. 增加碎片或分段的程度。

- 用百叶帘代替纯色阴影。
- 使用粉末状的焊接金属代替箔或焊条，使接头更好地渗透。

组合家具

图片来源：https://www.zcool.com.cn/work/ZMjg4NjE5NzY=.html

原则2 取出

将干扰部分或属性与对象分开，或仅选择对象的唯一必需部分（或属性）。

- 在使用压缩空气的建筑物外找到嘈杂的压缩机。
- 使用光纤或光导管将热光源与需要照明的位置分开。

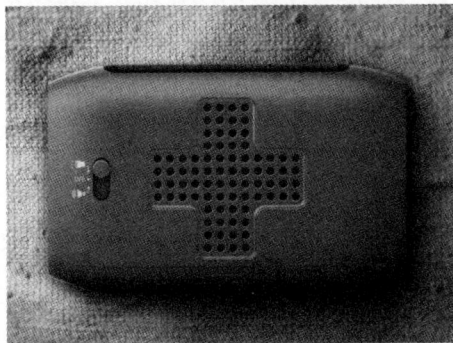

录下狗的吠叫声用作防盗警报器

图片来源：https://huaban.com/pins/1439854043/

原则3 当地质量

1.将对象的结构从均匀更改为不均匀,将外部环境(或外部影响)从均匀更改为不均匀。

- 使用温度、密度或压力梯度,而不要使用恒定温度、密度或压力。

2.使对象的每个部分在最适合其操作的条件下运行。

- 带有特殊隔层的午餐盒,用于冷、热固体食物和液体。

3.使对象的每个部分实现不同且有用的功能。

带橡皮铅笔

图片来源:http://90sheji.com/yuansu/0-0-0-0-1.html? pid=15810398

带拔钉锤

- 可以去鱼鳞的多功能工具,可以用作钳子、剥线钳、一字螺丝刀、十字螺丝刀、修指甲器等。

原则4 不对称

1.将对象的形状从对称更改为非对称。

- 不对称的混合容器或对称容器中的不对称叶片可改善混合效果(如水泥车、蛋糕搅拌机、搅拌器)。

- 在圆柱轴上放置一个平整的斑点,以牢固地连接旋钮。

2.如果对象不对称,请增加其不对称度。

- 从圆形O形圈到椭圆形横截面,再到特殊形状,以改善密封性。

搅拌器

图片来源：https：//huaban.com/pins/1289375315

- 使用像散光学元件合并颜色。

原则5　合并

1.将相同或相似的对象放在一起(或合并)，组装相同或相似的零件以执行操作。

- 网络中的个人计算机。
- 并行处理器计算机中的数千个微处理器。
- 安装在电路板或子组件两侧的电子芯片。

2.使操作连续或并行，让他们合并在一起。

- 用百叶帘或垂直百叶窗将板条链接在一起。
- 同时分析多个血液参数的医疗诊断仪器。
- 割草机。

通风系统中的叶片

图片来源：http://www.sohu.com/a/146102651_417246

原则 6　普遍性

使零件或对象执行多种功能；消除对其他零件的需求。

- 儿童汽车安全座椅可转换为婴儿车。
- 覆盖割草机（是的，它同时说明了原则 5 和 6，合并和普遍性）。
- 团队负责人担任记录员和计时员。
- 表面形成有微透镜的 CCD（电荷耦合器件）。

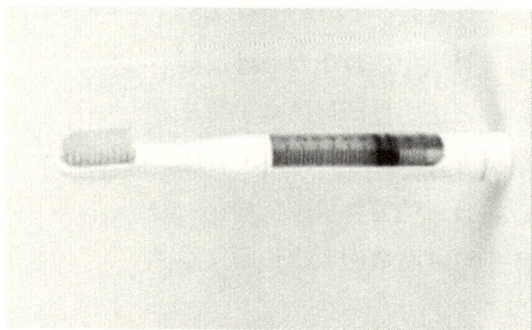

牙刷柄中含有牙膏

图片来源：http://www.yyzs315.com/html/2011-03/15558.html

原则7 嵌套娃娃

1.将一个物体放在另一个物体内,将每个对象依次放在另一个对象内。

• 量杯或汤匙。

俄罗斯套娃

图片来源:https://www.meipian.cn/1guc6qhd

• 便携式音频系统(将麦克风安装在发射器内,将其安装在放大器箱内)。

2.使一个零件穿过另一个的空腔。

• 扩展无线电天线。

• 延伸指针。

• 变焦镜头。

• 安全带收放槽。

• 可伸缩的飞机起落架收起在机身内部(也展示了原则15,动力学)。

原则8 减肥

1.为了补偿物体的重量,将其与提供升力的其他物体合并。

● 将发泡剂注入一捆原木中，以使其漂浮得更好。

● 使用氦气球支撑广告招牌。

2. 为了补偿物体的重量，使其与环境相互作用（例如使用空气动力、流体动力、浮力和其他作用力）。

● 飞机机翼形状可降低机翼上方的空气密度，增加机翼下方的密度，以产生升力。（这也说明了原则4，不对称。）

飞机机翼

图片来源：https://www.douban.com/group/topic/109003230/

● 涡流条改善了飞机机翼的升力。

● 水翼艇将船从水中拉出以减少阻力。

原则9　事先对抗

1. 如果有必要采取既有害又有用的行动，则应以控制有害作用的反作用代替该行动。

● 缓冲溶液以防止极端 pH 值造成伤害。

2. 预先在对象中创建应力，此应力将在以后与已知的不良工作应力相反。

● 在浇筑混凝土之前对钢筋进行预应力处理。

● 在有害暴露前遮盖所有东西：在未暴露于 X 射线的身体部位上使用铅围裙。使用胶带保护未涂漆的物体部分。

原则 10　初步行动

1. 在使用之前，对对象进行必要的更改(完全或部分更改)。

● 预贴墙纸。

● 在密封的托盘上对外科手术所需的所有器械进行灭菌。

2. 预先安排对象，以便它们可以在最方便的地方生效，而又不会浪费交付时间。

● 工厂中的看板安排。

● 柔性制造单元。

原则 11　事先缓冲

事先准备应急措施以补偿物体相对较低的可靠性。

● 摄影胶片上的磁条可指示显影剂以补偿不良的曝光。

● 备用降落伞。

● 飞机仪表的备用空气系统。

原则 12　等势性、均衡

在势场中，极限位置会发生变化(例如，更改操作条件以消除在重力场中升高或降低物体的需要)。

● 工厂弹簧加载零件输送系统。

● 锁定两个水域之间的通道(巴拿马运河)。

● 汽车工厂中的"煎锅"，可将所有工具置于正确的位置(还演示了原则10，初步行动)

原则 13　反过来

1. 反转用于解决问题的动作(例如，代替冷却物体，而是加热物体)。

- 要松开卡住的零件，冷却内部而不是加热外部。
- 将山带到穆罕默德面前，而不是将穆罕默德带到山上。

2. 使活动部件(或外部环境)固定，使固定部件活动。

- 旋转零件而不是工具。

跑步机(用于步行或就地跑步)

图片来源：http://www.chinaispo.com.cn/shop_82011/product/266434.html

3. 将对象(或过程)"颠倒"。

- 倒转组件以插入紧固件(尤其是螺钉)。
- 通过反转容器(船或铁路)中的谷物。

原则 14　球面度－曲率

1. 用曲面代替直线的零件，即使用曲线零件；从平坦表面变为球形表面；从形状为立方体(平行六面体)的零件到球形结构。

- 使用拱门和圆顶增强建筑实力。

2. 使用滚子、球、螺旋、圆顶。

- 螺旋齿轮(nautilus)为举重产生持续的阻力。

3. 从线性运动变为旋转运动，使用离心力。

- 使用鼠标或轨迹球在计算机屏幕上产生光标的线性运动。

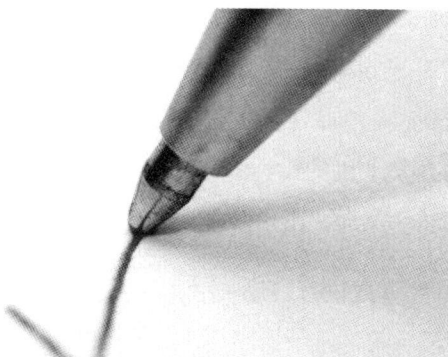

圆珠笔墨水出水流畅

图片来源：http://baijiahao.baidu.com/s？id＝1666484593739259548&wfr＝spider&for＝pc

- 用洗衣机中的旋转衣服代替拧干衣服以除去水分。
- 使用球形脚轮代替圆柱滚轮移动家具。

原则15　动力学

1.将对象外部环境或过程的特性更改为最佳状态或找到最佳操作条件。

可调方向盘(或座椅、靠背或镜子位置……)

图片来源：https://www.icauto.com.cn/baike/63/632388.html

2. 将对象划分为能够相对移动的部分。

- "蝴蝶"计算机键盘(也演示了原则 7, 嵌套娃娃)

3. 如果对象(或过程)是硬性材质, 则使其可移动或自适应。

- 用于检查发动机的柔性管道镜。

- 柔性乙状结肠镜, 用于医学检查。

原则 16 部分或过度行动

如果使用给定的求解方法很难实现目标的 100%, 则通过使用"略少"或"略多"的同一方法, 该问题可能会更容易解决。

- 上漆时喷洒过多, 然后清除多余的。(或者使用模板 – 这是原则 3(当地质量)和原则 9(事先对抗)的应用)。

- 加油, 然后在加满汽车油箱时"加油"。

原则 17 另一个维度

1. 在二维或三维空间中移动对象。

- 红外计算机鼠标在空间中而不是在表面上移动以进行演示。

- 五轴切割工具可以放置在需要的地方。

2. 使用对象的多层排列, 而不是单层排列。

- 带有 6 张 CD 的盒式磁带, 可增加音乐时间并增加音乐种类。

- 印刷电路板两侧的电子芯片。

- 员工在主题公园中从顾客面前"消失", 下降到隧道中, 然后步行到下一个任务, 然后回到地面并神奇地出现。

3. 倾斜或重新定向对象, 将其侧放。

4. 使用给定区域的"另一面"。

- 堆叠微电子混合电路以提高密度。

垃圾车

图片来源：https://m.quanjing.com/imginfo/qj8627643651.html

原则18　机械振动

1. 使物体振动。

- 带有振动刀片的电动雕刻刀。

2. 增加其频率(甚至达到超声频率)。

- 振动分散粉末。

3. 使用物体的共振频率。

- 使用超声波共振消灭胆结石或肾结石。

4. 使用电振动器代替机械振动器。

- 石英晶体振荡驱动高精度时钟。

5. 使用超声和电磁场的组合振荡。

- 在感应炉中混合合金。

原则19　定期行动

1. 使用周期性或脉动动作代替连续动作。

- 用锤子反复打东西。

- 用脉冲声代替连续警报器。

2. 如果某个动作已经是周期性的,则更改周期性的幅度或频率。

- 使用调频来传达信息,而不是莫尔斯电码。

- 用改变幅度和频率的声音代替连续的警报器。

3.使用脉冲之间的间歇来执行其他操作。

- 在心肺呼吸(CPR)中,每按压5次胸腔呼吸1次。

原则20　有用行动的连续性

1.不断进行工作,使对象的所有部分始终处于满负荷工作状态。

- 车辆停止时,飞轮(或液压系统)会存储能量,因此电动机可以保持最佳功率运行。

- 在工厂中连续运行瓶颈操作,以达到最佳速度。(根据约束理论或节拍时间操作)

2.消除所有闲置或间断的动作或工作。

- 返回打印机托架时进行打印—点矩阵打印机、菊花轮打印机、喷墨打印机。

原则21　跳跃

高速进行过程或某些阶段(例如,可破坏、有害或危险的操作)。

- 使用牙医的高速钻头避免加热组织。
- 切割塑料要快于热量在材料中传播的速度,以避免形状变形。

原则22　"因祸得福"或"将柠檬变成柠檬水"

1.使用有害因素(尤其是环境或周围环境的有害影响)以取得积极效果。

- 利用废热发电。
- 将一个过程的废料作为另一过程的原料进行回收。

2.通过将主要有害行为添加到另一个有害行为中来解决问题,从而消除主要有害行为。

- 将缓冲材料添加到腐蚀性溶液中。
- 使用氦氧混合物进行潜水,以消除空气和其他氮氧化物混合物中的氮麻醉和氧气中毒。
- 将有害因素放大到不再有害的程度。
- 使用逆火消除森林大火产生的燃料。

原则23 反馈

1. 引入反馈(参考回来,进行交叉检查)以改善流程或行动。

● 音频电路中的自动音量控制

● 来自陀螺罗经的信号用于控制简单的飞机自动驾驶仪。

● 统计过程控制(SPC) – 测量用于确定何时修改过程。(并非所有反馈系统都是自动化的)

● 预算 – 度量用于决定何时修改流程。

2. 如果已经使用反馈,请更改其大小或影响。

● 距机场5英里范围内,更改自动驾驶仪的灵敏度。

● 改变恒温器相对于加热时的灵敏度,因为恒温器在冷却时能耗较低。

● 将管理措施从预算差异更改为客户满意度。

原则24 "中介"

1. 使用中介载体文章或中介过程。

● 木匠的指甲套,用在锤子和钉子之间。

2. 暂时将一个对象与另一个对象合并(可以轻松删除)。

● 锅架可将热菜带到桌子上。

原则25 自助服务

1. 通过执行辅助有用的功能使对象自己服务。

● 一个苏打喷泉泵,该泵依靠二氧化碳的压力运行,用于"冲泡"饮料。这样可以确保饮料不会变平,并且不需要传感器。

● 卤素灯在使用过程中会使灯丝再生—蒸发掉的材料会重新沉积。

● 要将钢焊接到铝上,请使用两种材料的交替薄带创建一个界面。将表面冷焊成一个单元,一个表面上有钢,另一个表面上有铜,然后使用常规焊接技术将钢物体连接到界面上,并将界面连接到铝上。(此概念还具有原则24中介和原则4不对称的元素。)

2. 使用废物、能源或物质。

- 使用过程中的热量发电："热电联产"。
- 使用动物粪便作为肥料。
- 使用食物和草坪废料制造堆肥。

原则 26　复制

1. 代替不可用、昂贵、易碎的对象，而使用更简单、更便宜的副本。

- 通过计算机而不是昂贵的假期进行虚拟现实。
- 听录音带，而非亲自参加研讨会。

2. 替换对象或使用光学副本进行处理。

- 从太空照片而不是在地面上进行测量。
- 通过测量照片来测量物体。
- 制作超声波检查图以评估胎儿的健康状况，而不用冒险通过直接测试损坏胎儿。

3. 如果已经使用可见的光学副本，请转到红外线或紫外线副本。

- 用红外线拍摄图像以检测热源，例如农作物中的疾病或安全系统中的入侵者。

原则 27　廉价的短期生活物品

用多个具有某些质量(例如使用寿命)的廉价对象替换廉价对象。

- 使用一次性纸制品可以避免清洁和存放耐用物体的费用。

塑料杯、一次性尿布和许多医疗用品。

原则 28　力学替代

1. 用感觉(视觉、听觉、味觉或嗅觉)手段代替机械手段。

- 更换物理围栏，以声音"栅栏"(动物可听见的信号)限制狗或猫。
- 在天然气中使用难闻的化合物，以提醒用户泄漏，而不要使用机械或电气传感器。

2. 使用电场、磁场和电磁场与物体相互作用。

- 要混合 2 种粉末，将一个正极带电，将另一个负极带电。要么使用场

塑料杯

图片来源：http://www.youlipin.com/article/1644.html

来引导它们，要么使用机械方式对其进行混合，然后让它们获得的场使粉末颗粒配对。

3.从静态场变为可移动场，从非结构化场变为具有结构的场。

●早期的通信使用全向广播。现在，我们使用具有非常详细的辐射方向图结构的天线。

4.将场与场激活(例如铁磁)粒子结合使用。

●通过使用变化的磁场来加热包含铁磁材料的物质。当温度超过居里点时，材料变为顺磁性，并且不再吸收热量。

原则29　气体力学及流体力学

使用物体的气体和液体部分，而不要使用固体部分(例如，可充气、充满液体、气垫、静水压、与水反应的液体)。

●填充有凝胶的舒适鞋底插件。

●通过在液压系统中使车辆减速来存储能量，使用存储的能量稍后进行加速。

原则30　柔性外壳及薄膜

1.使用柔性外壳和薄膜代替三维结构。

● 在网球场上使用充气(薄膜)结构作为冬季覆盖物。

2. 使用柔性外壳和薄膜将物体与外部环境隔离。

● 将双极性材料(一端为亲水性,一端为疏水性)的膜漂浮在容器上,以限制蒸发。

原则31　多孔材料

1. 使物体多孔或添加多孔元素(插入物、涂层等)。

● 在结构上钻孔以减轻重量。

2. 如果物体已经是多孔的,请使用孔隙引入有用的物质或功能。

● 使用多孔金属网将多余的焊料从接头处吸走。

● 将氢存储在钯海绵的孔中。(为氢气车加油的"坦克",比储存氢气要安全得多)

原则32　颜色变化

1. 更改对象或其外部环境的颜色。

● 在照相暗室中使用安全照明。

2. 更改对象或其外部环境的透明度。

● 使用光刻将透明材料更改为用于半导体处理的固态掩膜。同样,将掩膜材料从透明更改为不透明,以进行丝网印刷。

原则33　同质性

1. 使对象与具有相同材质(或具有相同属性的材质)的给定对象进行交互。

● 用与内容物相同的材料制成容器,以减少化学反应。

● 用钻石制作钻石切割工具。

原则34　丢弃和恢复

1. 使已完成其功能的物体部分消失(通过溶解、蒸发等方法丢弃)或在操作过程中直接对其进行修改。

使用溶解胶囊进行药物治疗

图片来源：https：//www.photophoto.cn/show/09749792.html

将水洒在玉米淀粉包装上，注意使其体积缩小到千分之一以下。

• 冰结构：使用水冰或二氧化碳（干冰）为夯土结构（例如临时大坝）制作模板。然后填满土，然后让冰融化或升华，留下最终结构。

2. 相反，直接在操作中还原对象的可消耗部分。

• 自锐割草机刀片。

• 在运行时自动"调校"的汽车发动机（"两次调校之间为 100 000 英里"的发动机）

原则 35　参数变更

1. 更改对象的物理状态（例如，更改为气体、液体或固体）。

• 冻结填充的糖果的液体中心，然后浸入融化的巧克力中，而不要处理凌乱、黏糊糊的热液体。

• 以液体而不是气体的形式输送氧气、氮气或石油气，以减少体积。

2. 更改浓度。

• 液态洗手液在使用时比洗发液更浓缩，更黏，因此，在多人共享的情况下，更容易分配正确的量，更卫生。

3. 改变灵活性。

• 使用可调节的阻尼器，通过限制容器壁的运动来减少掉入容器的零件的噪声。

• 硫化橡胶以改变其柔韧性和耐用性。

4. 改变温度。

• 将温度升高到居里点以上，即可将铁磁性物质转变为顺磁性物质。

- 升高食物的温度以进行烹饪。（改变味道、香气、质地、化学性质等）
- 降低医疗标本的温度以保存它们以备后用。

原则36 相位转变

1. 使用在相变期间发生的现象（例如，体积变化、热量的损失或吸收等）。

- 与大多数其他液体不同，冷冻时水会膨胀。据说汉尼拔在几千年前在罗马游行时就使用过这种武器。大块的石头阻塞了阿尔卑斯山的通道。晚上他向它们倒水。一夜之间的寒冷使水冻结，膨胀使岩石分裂成小块，可以推开。
- 热泵利用闭式热力循环的汽化热和冷凝热进行有用的工作。

原则37 热膨胀

1. 使用材料的热膨胀（或收缩）。

- 通过冷却内部使其收缩，加热外部以使其膨胀，将关节放在一起并恢复平衡，将紧密的关节装配在一起。

2. 如果使用热膨胀，请使用多种具有不同热膨胀系数的材料。

- 基本的板簧恒温器：（链接了两种具有不同膨胀系数的金属，因此，当温度高于标称值时，它弯曲一种方向，而当温度更低时，它则弯曲相反的方向。）

原则38 强氧化剂

1. 用富氧空气代替普通空气。

- 与高氧或其他非空气混合物一起进行水肺潜水，以延长耐力。

2. 用纯氧气代替浓空气。

- 使用氧乙炔炬在较高温度下切割。
- 在高压氧气环境中治疗伤口，以杀死厌氧细菌并帮助愈合。

3. 将空气或氧气暴露于电离辐射中。

4. 使用离子氧气。

- 电离空气以将污染物捕获在空气滤清器中。

5. 用臭氧代替臭氧化(或离子化)的氧气。

- 使用前通过将气体离子化来加速化学反应。

原则 39　惰性气氛

1. 用惰性环境代替普通环境。

- 通过使用氩气气氛防止热金属丝降解。

2. 向物体添加中性零件或惰性添加剂。

- 通过添加惰性成分来增加洗涤剂粉的体积。这使得使用常规工具进行测量变得更加容易。

原则 40　复合材料

1. 从均匀材料更改为复合(多种)材料。

- 复合环氧树脂/碳纤维高尔夫球杆杆身比金属更轻,更坚固且更具柔韧性。飞机零件也一样。

- 与木质冲浪板相比,玻璃纤维冲浪板更轻巧,更可控,并且更容易形成各种形状。

三、案例

鞋履设计的 triz40 原则案例

图片来源：https://triz - journal. com/40 - inventive - shoe - principles/

鞋履设计师的 40 原则作品：

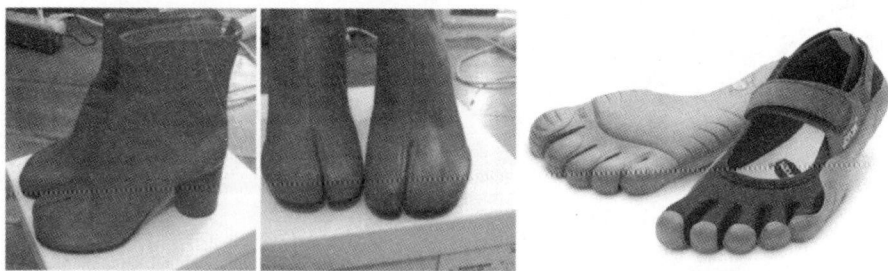

原则 1　细分

图片来源：https://triz - journal. com/40 - inventive - shoe - principles/

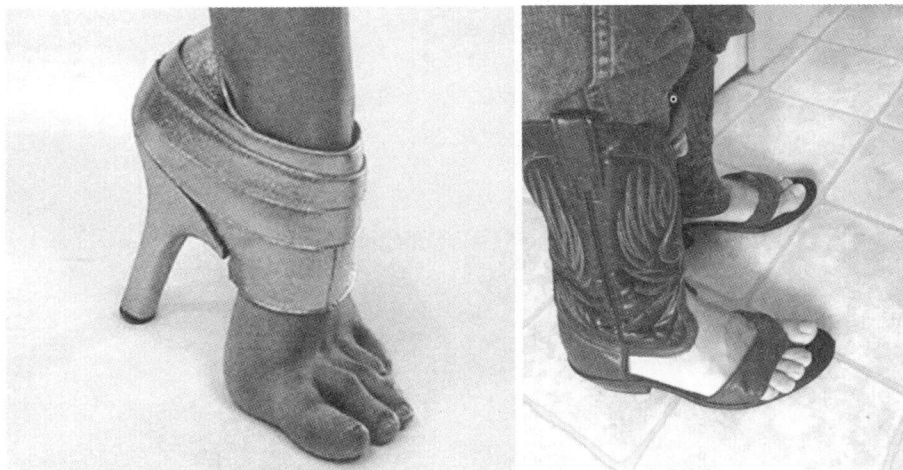

原则 2 取出

图片来源：https://triz – journal. com/40 – inventive – shoe – principles/

原则 3 当地质量

图片来源：https://triz – journal. com/40 – inventive – shoe – principles/

原则 4　不对称

图片来源：https://triz - journal. com/40 - inventive - shoe - principles/

原则 5　合并

图片来源：https://triz - journal. com/40 - inventive - shoe - principles/

原则 6　普遍性

图片来源：https：//triz – journal. com/40 – inventive – shoe – principles/

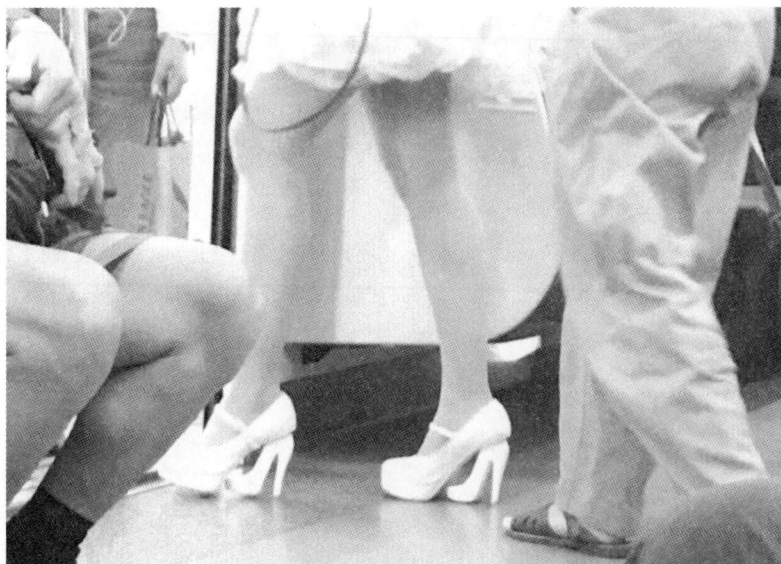

原则 7　嵌套娃娃

图片来源：https：//triz – journal. com/40 – inventive – shoe – principles/

原则 8 减肥

图片来源：https://triz – journal. com/40 – inventive – shoe – principles/

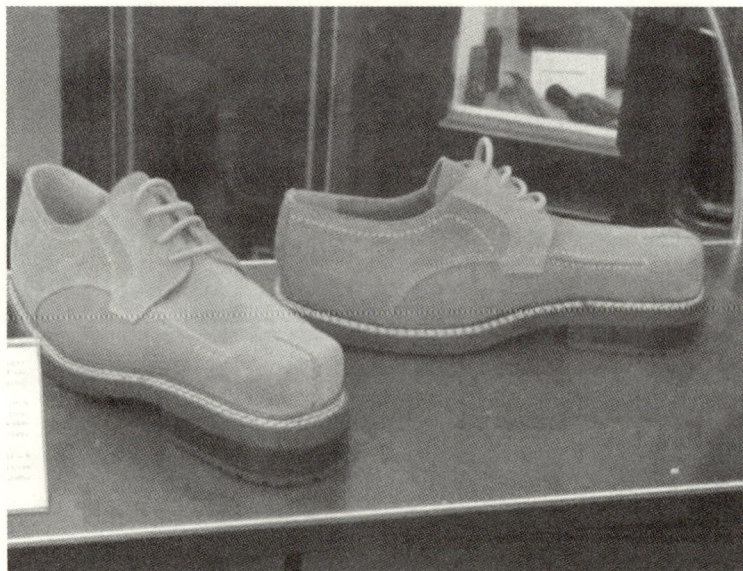

原则 9 事先对抗

图片来源：https://triz – journal. com/40 – inventive – shoe – principles/

原则 10　初步行动

图片来源: https://triz – journal. com/40 – inventive – shoe – principles/

原则 11　事先缓冲

图片来源: https://triz – journal. com/40 – inventive – shoe – principles/

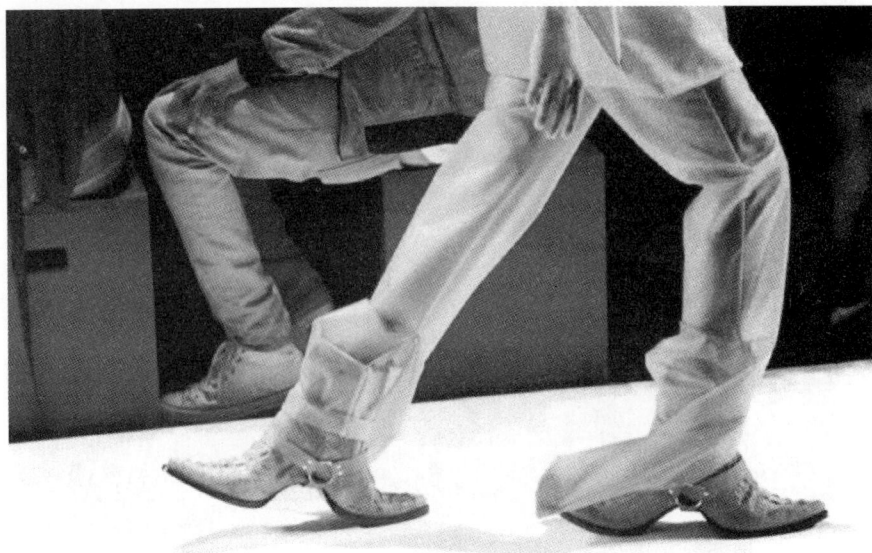

原则 12 等势性、均衡

图片来源：https://triz-journal.com/40-inventive-shoe-principles/

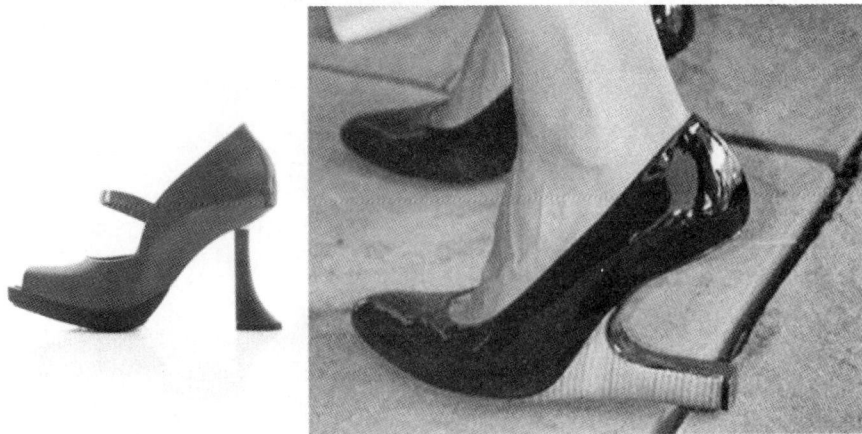

原则 13 反过来

图片来源：https://triz-journal.com/40-inventive-shoe-principles/

原则 14　球面度 – 曲率

图片来源：https：//triz – journal. com/40 – inventive – shoe – principles/

原则 15　动力学

图片来源：https：//triz – journal. com/40 – inventive – shoe – principles/

原则 16　部分或过度行动

图片来源：https://triz-journal.com/40-inventive-shoe-principles/

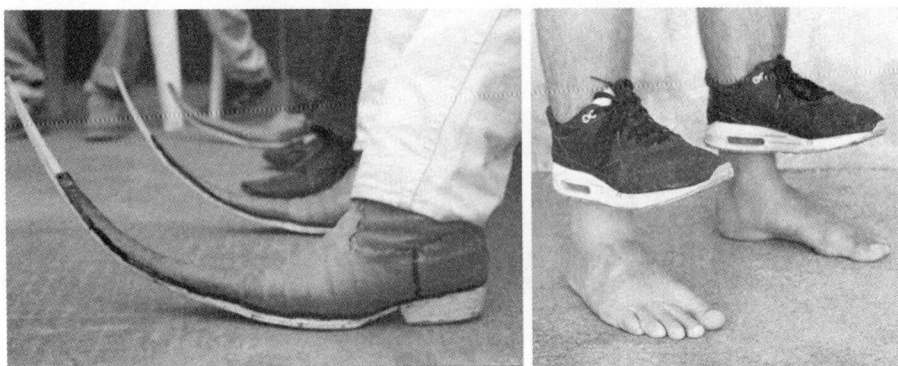

原则 17　另一个维度

图片来源：https://triz-journal.com/40-inventive-shoe-principles/

原则 18　机械振动

图片来源：https：//triz－journal. com/40－inventive－shoe－principles/

原则 19　定期行动

图片来源：https：//triz－journal. com/40－inventive－shoe－principles/

原则 20 有用行动的连续性

图片来源：https://triz – journal. com/40 – inventive – shoe – principles/

原则 21 跳跃

图片来源：https://triz – journal. com/40 – inventive – shoe – principles/

原则 22　"因祸得福"

图片来源：https://triz – journal. com/40 – inventive – shoe – principles/

原则 23　反馈

图片来源：https://triz – journal. com/40 – inventive – shoe – principles/

原则 24 "中介"

图片来源：https://triz – journal. com/40 – inventive – shoe – principles/

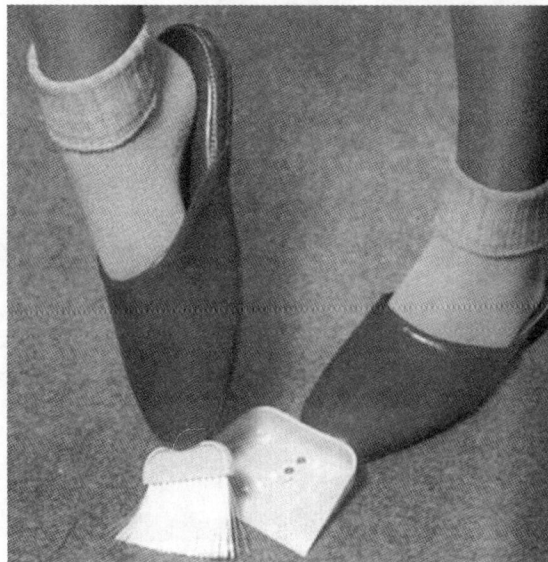

原则 25 自助服务

图片来源：https://triz – journal. com/40 – inventive – shoe – principles/

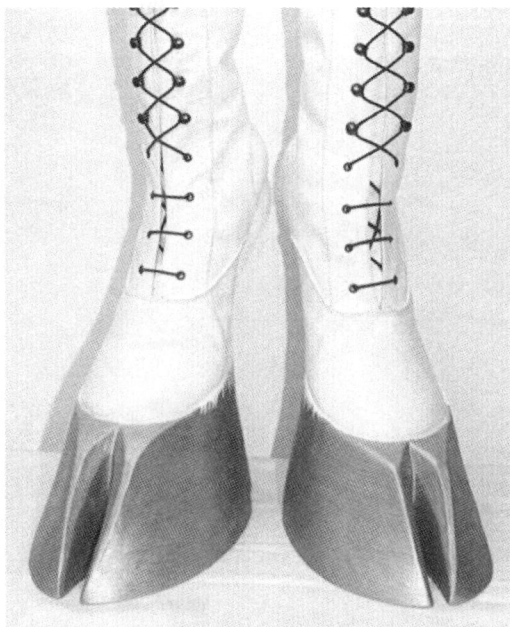

原则 26 复制

图片来源：https://triz-journal.com/40-inventive-shoe-principles/

原则 27 廉价的短期生活物品

图片来源：https://triz-journal.com/40-inventive-shoe-principles/

原则 28　力学替代

图片来源：https：//triz－journal.com/40－inventive－shoe－principles/

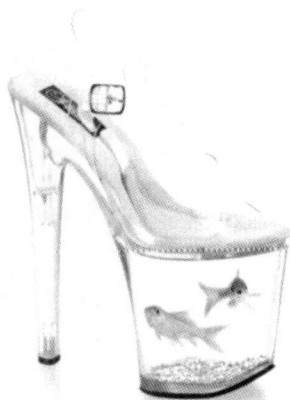

原则 29　气体力学及流体力学

图片来源：https：//triz－journal.com/40－inventive－shoe－principles/

原则 30　柔性外壳及薄膜

图片来源：https://triz – journal. com/40 – inventive – shoe – principles/

原则 31　多孔材料

图片来源：https://triz – journal. com/40 – inventive – shoe – principles/

原则 32 颜色变化

图片来源：https://triz – journal. com/40 – inventive – shoe – principles/

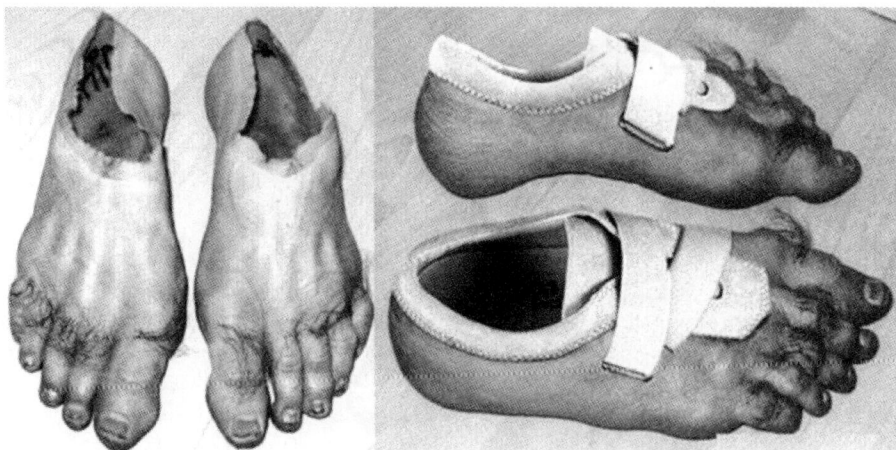

原则 33 同质性

图片来源：https://triz – journal. com/40 – inventive – shoe – principles/

原则 34　丢弃和恢复

图片来源：https：//triz–journal.com/40–inventive–shoe–principles/

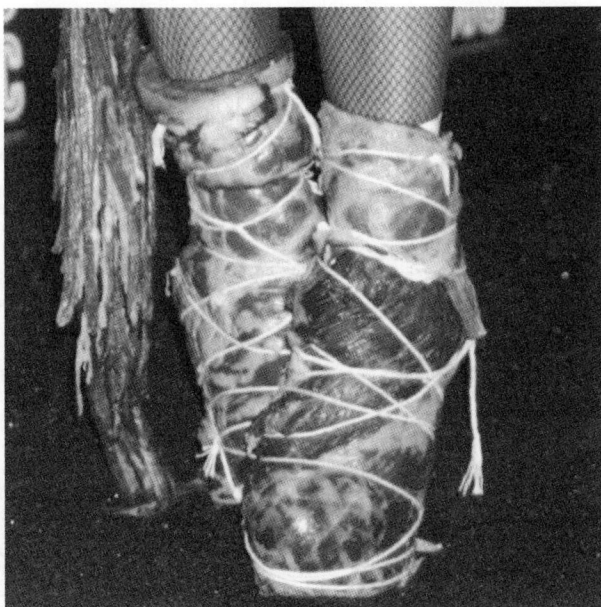

原则 35　参数变更

图片来源：https：//triz–journal.com/40–inventive–shoe–principles/

原则 36 相位转变

图片来源：https://triz – journal. com/40 – inventive – shoe – principles/

原则 37 热膨胀

图片来源：https://triz – journal. com/40 – inventive – shoe – principles/

原则 38 强氧化剂

图片来源：https://triz – journal. com/40 – inventive – shoe – principles/

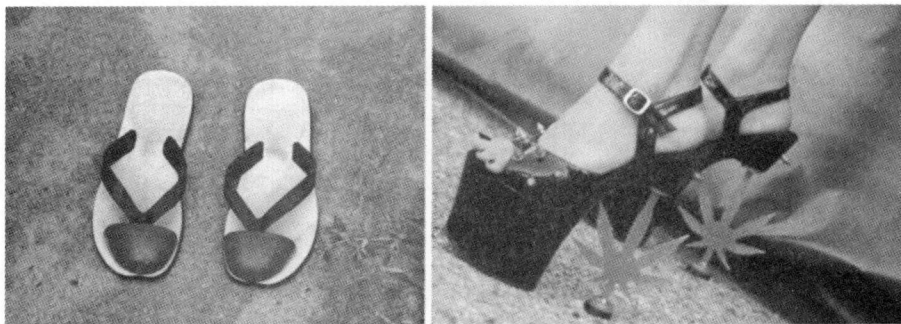

原则 39 惰性气氛

图片来源：https://triz – journal. com/40 – inventive – shoe – principles/

原则 40　复合材料

图片来源：https://triz – journal. com/40 – inventive – shoe – principles/

四、实践与思考

从 40 个原则中选择一个你最感兴趣的，搜集 5 个典型案例。并写下你应用这个原理的创新设计或想法。

附录　TRIZ 发展的时间顺序

1946 年：技术模式的演进模式/技术系统演进的客观趋势。

1948 年：技术和工程方面的矛盾。

1952—1959 年：ARIZ 逐步制定了程序（在监狱中），被称为"发明家的指示"。阿奇舒勒在 1959 年将它命名为 ARIZ：创造性问题解决理论。

1964—1971 年：1964 年开始进行专利的系统分析，到 1968 年，它产生了 35 个发明原则的第一张表。最后在 1971 年，又增加了 5 个发明原则。这样就完成了表或 Altshuller 矩阵。

1970 年：发现了技术或工程矛盾背后的物理矛盾。物理矛盾和分离原则已包含在 ARIZ – 75 中。20 世纪 70 年代，阿奇舒勒开始开发创造性问题的标准解决方案。

1972 年：编制了第一批物理效应清单。

1973 年：阿奇舒勒发现可以用所谓的物质 – 领域模型描述问题和解决方案

1975 年：科学技术成果数据库。

1977 年：ARIZ – 77 现在与进化的模式或趋势，物质场的转换和已编译的效应指南一起工作。标准解决方案存在 10 个标准。

1985 年：标准解决方案发布了 76 种标准的系统。

单元六

创新艺术达人

🔊 单元导入案例

举例：猪与防毒面具像吗？

防毒面具诞生于第一次世界大战。1915 年 4 月 22 日，德方为了扭转不利的战局，出其不意地向英法军队集结的阵地上，施放了 180 吨氯气，使 5000 名联军官兵战场中毒死亡，这就是世界军事史上首次大规模的毒气战。经此役后蒙受重大损失的英法联军，立即敦促本国政府尽快制造防毒器具。

不久，两国派出十数名最优秀的科学家，到曾被德方用氯气熏袭过的地段，进行考察取证研究。他们惊奇地发现，阵地上大量野生动物，包括树林中的雀鸟及蛰伏的蛙类与裸露的昆虫，都相继中毒死亡。唯独当地的庞然大物——野猪，却安然无恙地活下来。

经研究和实验，科学家发现野猪特别喜欢用强有力的长嘴巴，拱动泥土寻觅地里植物的根茎及一些小动物。当它们嗅到强烈的刺激气味时，常用拱地来躲避。当德军施放毒气突袭联军时，聪明的野猪把嘴鼻拱进泥土里，躲过了灾祸。再经进一步的科学分析，得出结论：由于野猪用嘴拱地，松软的土壤颗粒吸附和过滤了毒气，使它们幸免于难。

两国科学家从中得到启示，根据泥土能滤毒的原理，选中了既能吸附有毒物质，又能使空气畅通的木炭，很快设计制造出世界上首批仿照野猪嘴形状的防毒面具。

猪在嗅到刺激性气体时把嘴拱到泥土中，由于猪嘴的特殊构造，从而避免中毒，这就是防毒面具的仿生学原理。防毒面具的诞生经历了观察思考、推理证明、类比模仿、替代组合四个阶段。

项目一 认识类比创新方法

类比联想支配发明。

——培根

一、类比思维过程

类比（Analogy）这个词最开始是数学家表示比例关系方面的相似性，后来又扩展到作用关系方面的相似。类比法，是一种最古老的认知思维与推测的方法，是对未知或不确定的对象与已知的对象进行归类比较，进而对未知或不确定对象提出猜测。如果未知的对象确实与某种已知的对象有较多的相似之处，则类比法有一定的认知价值，分类学就是由类比法演化而来。

我们在运用类比发明创造新事物时，首先发现已有事物的某个属性与将要创造发明的新事物的属性契合，然后就将已有事物的其他与该属性相关的属性运用到新事物的发明上。即通过找到具有相同或相似属性的其他已有事物，将决定该属性的形状、结构、原理等运用于我们需要的、正在创造的事物。

二、类比法的哲学意涵

本体论视阈，类比法揭示了万事万物之间普遍联系的关系，打开了事物之间的联系之网，让人们主动去思索事物与事物之间的内在关联，发现那些不曾被发现的潜藏的关系，从而利用这些关系创造新的事物。

认识论视阈，认识一个事物通常会遵循从一般到具体，从具体到一般的路径，而类比法则是一种从具体到具体的认识路径。

方法论视阈，类比法强调的是通过营造一种适当的意识状态或心理氛围，打开人们的思路，从而产生创造结果。

类比法并不是那种能够直接或必然带来创造结果的方法，这一点在符号类比中看得比较清楚，在概念与具体事物的反复类比过程里，你也许并不一定会获得灵感，但是通过符号类比能够将人的思维和意识带上另外一种非逻辑的路径，有一种游戏放松的心理，从而激发创意的产生。

三、类比型创新方法的分类

类比型创新方法基本上分为直接类比、亲身类比、幻想类比、符号类比四大类。

（一）直接类比法

直接类比法是指从自然界的现象中或人类社会已有的发明成果中寻找与创造对象(外形、结构、功能等)相类似的事物，并通过比较启发出创造性设想。

1.第一种　外形类比

水立方是典型的外形类比，将建筑与水分子的几何形状加以类比并通过材质表现了的水波光粼粼的感觉，使水的神韵在建筑中得到了完美的体现。

为迎接 2008 年北京奥运会，国家游泳中心启动了"水立方"设计方案。该方案由中国建筑工程总公司、澳大利亚 PTW 建筑师事务所、ARUP 澳大利亚有限公司联合设计。这个看似简单的"方盒子"是中国传统文化和现代科技共同"搭建"而成的。在中国文化里，水是一种重要的自然元素，并激发起人们欢乐的情绪。国家游泳中心赛后将成为北京最大的水上乐园，所以设计者针对各个年龄层次的人，探寻水可以提供的各种娱乐方式，开发出水的各种不同的用途，他们将这种设计理念称作"水立方"。为达此目的，设计者将水的概念深化，不仅利用水的装饰作用，还利用其独特的微观结构。基于"泡沫"理论的设计灵感，他们为"方盒子"包裹上了一层建筑外皮，上面布满了酷似水分子结构的几何形状，表面覆盖的 ETFE 膜又赋予了建筑冰晶状的外貌，使其具有独特的视觉效果和感受，轮廓和外观变得柔和，水的神韵在建筑中得到了完美的体现。

水立方

图片来源 http://www.nipic.com/show/7181765.html

2. 第二种　结构类比

科学家发现蜂窝的这种结构，建筑材料最少、空间最大、强度最高，飞行器的金属板一般被设计成这种结构，可以减轻飞行器自重。

航天飞机、宇宙飞船、人造卫星等太空飞行器，要进入太空持续飞行，就必须摆脱地心引力，这就要求运载它们的火箭必须提供足够大的能量。为了使太空飞行器达到第二速度，运载火箭就必须提供相当大的推力。因为运载火箭上带有推进剂、发动机等沉重的"包袱"，但如果飞行器自身重量轻，就可大大减轻运载火箭身上的"包袱"，也就能使太空飞行器飞得更高、更远。

　　为减轻飞行器的重量，科学家们绞尽脑汁，与太空飞行器"斤斤计较"。可要减轻重量，还要考虑不能减轻其容量与强度。科学家们尝试了许多办法都无济于事，最后，还是蜂窝的结构帮助科学家解决了这个难题。

　　18世纪初，法国学者马拉尔琪测量到蜂窝的几个角都有一定的规律：钝角等于109°28′，锐角等于70°32′，后来经过法国物理学家列奥缪拉、瑞士数学家克尼格等人先后多次的精确计算，得出：消耗最少的材料，制成最大的菱形容器，它的角度应该是109°28′和70°32′，和蜂房结构完全一致。

　　蜂窝的这种结构特点正是太空飞行器结构所要求的。于是在太空飞行器中采用了蜂窝结构，先用金属制造成蜂窝，然后再用两块金属板把它夹起来就成了蜂窝结构。这种结构的飞行器容量大，强度高，且大大减轻了自重，也不易传导声音和热量。因此，今天的航天飞机、宇宙飞船、人造卫星都采用了这种蜂窝结构。

太空飞行器

图片来源：http://www.huitu.com/design/show/20190102/090946279070.html

3.第三种 功能类比

蚂蚁无论离巢穴多远，都能够以最短的直线路线返回巢穴，蚂蚁具备一种路径整合能力，导航机器人便是借鉴了蚂蚁的这种功能。

蚂蚁在出去寻找食物的时候，就会时不时地返回蚁巢，重新调整导航系统以防迷路。蚂蚁不但通过路标来确定方向，还拥有一种名为"路径整合器"的备份系统。该系统会对走过的距离进行测量，并通过体内的罗盘不时地重新测算蚂蚁所在的位置。这使得蚂蚁即便在离开巢穴时走过的路跟迷宫一样，也能找到直线返回巢穴的路径，从而减少路程。现在科学家正在利用这一理念制造出更智能的机器人。苏黎世大学的马库斯·克纳登教授指出，如果从蚂蚁那里学到路径整合以及识别路标的知识，就能将这些应用到自动化机器人身上。其中包括在重要位置重新设置调整导航系统，这能使机器人在辨别方向上的性能更加可靠。

（二）亲身类比法

亲身类比法又称拟人类比，即把自身与问题的要素等同起来，从而帮助我们得出更富创意的设想。在这个过程中，人们将自己的感情投射到对象身上，把自己变成对象，体验一下作为它会有什么感觉。

亲身类比包括拟人类比和情感类比两个方面。运用亲身（情感）类比，最简单的做法是问"假如我是它……"亲身类比能有效规避常规的如要素分析等思路，另辟蹊径考虑问题。

关于技术的本质有一种很有趣的学说，叫器官投影说，即认为技术物是人类身体器官的模仿和延伸，这个理论说明了很多创造发明都是通过人体类比获得的。

比如发明一种新式的捕鼠器，一般情况下我们会想：这个捕鼠器怎么样才能最有效地把老鼠逮住？它的机关应该设计成什么样子的？药饵应该用哪一种？一下子就进入了非常具体而且常规的层面去思考问题。但通过亲身类比法我们能够有效地规避常规思路，为我们解决问题另辟蹊径。德国的一位发明家就利用亲身类比法发明了一种新式捕鼠器，他把自己想象成老鼠，如果我是一只老鼠我肯定不希望被冰冷的老鼠夹子夹住，最好是在享用美食时死去，而死后我也不想被扔到垃圾箱里，最好是能够像人类一样有一座坟冢，而且能够有花花草草的陪伴？通过这样的类比他发明了捕鼠袋，袋子中的生物降解材料使老鼠成为很好的天然养料，促使袋子底端的植物种子发芽长大，让死亡换得新生，让老鼠参与了自然生命的生死循环，非常人性化的使整个设计不再像老鼠夹子那样冰冷，从而充满了温情。

假如我是一扇门，我喜欢有礼貌的人，他要主动和我打招呼，我再和他握手，在这样的一个思路的启发下，我们能够设计出一款用钥匙才能开启的门把手，避免小朋友撞伤头。

假如我是一扇门，我会希望有人主动与我握手，那可以启发一种当使用者伸手便会自动弹出的门把手（或者别人用锁开门后才会自动弹出的门把手），我希望自己能有一张嘴说一句"你好"；我希望自己能有双眼睛识别访客；我希望能有一个兜子放点杂物；我希望能防蛇虫老鼠的叮咬。这是一种移情，又叫拟人化。即把要解决的问题、面对的事物人格化，使无生命的东西有了生命。

比如，"假如我是铅笔，我会希望自己怎么样?"把自己比作铅笔，想象一下自己的感受，这样的体会过程使设计师对铅笔的看法与过去不同了，设计师说"我想让自己变成项链""我想让自己变成一把锁""我想让自己变成麻花"，于是，一连串的创意像喷泉一样涌出。要记住，这些精美的设计都来自"假如我是它，我会……"这样的思考能激发人的情感，启发人的智慧，促使人提出独特的设想和解决问题的方法。

设计机械装置时，常把机械看作是人体的某一部分，进行亲身（拟人）类比，从而获得意外的收效。如挖土机的设计，就是模仿人的手臂动作：它向前伸出的主杆，如同人的胳臂可以上下左右自由转动；它的挖土斗，好比人的手掌，可以张开，合起；装土斗边的齿形，好似人的手指，可以插入土中。挖土时，手指插入土中，再合拢、举起，移至卸土处，松开手让泥土落下。这是局部的拟人类比，各种机械手的设计也是如此。

整体的拟人类比，就是各种机器人的设计。这种拟人类比还常用于科学管理中，比如把某工厂的厂办比作人脑，把各车间比作人的四肢，把广播室比作嘴巴，把仓库比作内脏等，从而按人体的正常活动管理全厂，这样就能及早发现问题，实现协调有序的管理。

伊科姆·马科韦茨是匈牙利有机建筑运动的核心人物。马科韦茨所塑造的建筑形象，总让人联想到他所说"建筑生命"的存在。屋顶暗示着头、头盔或头盖骨，而窗或门洞则像眼睛和嘴一样的开合。

他的思想来源于深厚的匈牙利文化底蕴和其他文化的影响。匈牙利语言在传统上把乡村建筑各个部分元素称之为人体相应的部位，例如脚、膝、腿、脊骨、肋骨、前额、脸、眼睛等。这些生命的隐喻给了马科韦茨创作的灵感，马科韦茨认为建筑是需要一种移情作用的。

1974 年，马科韦茨设计的夏罗斯巴达克文化中心，由前院望去，为一形状奇异的，由两棵圆柱支撑的大屋顶，突起的眉檐下覆罩着一对大眼睛。它的平面基本呈对称布局，两翼前伸、环抱前院，如同一条安详的卧龙。平面恰好由"头部""肩部""臂部"所组成，这里"头部"是大演剧厅，"肩部"则是门厅及两侧过厅，"两臂"包括楼梯间、图书室、餐厅、会议厅和服务间等。

夏罗斯巴达克文化中心的平面与马科韦茨的其他建筑一样，粗略看具有明显的对称性，细看就会发现一种类似人体的、差别细微的非对称性存在。建筑的外观犹如生命有机体的皮肤，内部则是支撑这些肌肤的骨骼。正如人类的心脏是置于非中心的，因此，建筑内部空间也可能是非对称的。马科韦茨的目的在于创造一种他所称的"建筑生命"，通常能想到的经验是建筑结构与人体运动之间的关系，而且力求在表达方式上能有更深入的探究。

（来源：许懋彦，伊科姆·马科韦茨与他的有机建筑，《世界建筑》1999. 11，P33－34。）

（三）幻想类比

幻想类比就是将要解决的问题与幻想中的事物进行类比，由此产生新的思考问题的角度。

类比的对象可以是童话、传说或是科幻小说等等，例如，要设计能自动驾驶的汽车，那神话当中有没有能够自主移动的东西呢？比如阿拉丁的飞毯，阿拉丁是怎样让飞毯启动的？用咒语，所以就有了声控自动驾驶的汽车。

人们想到神话中用咒语启动地毯的故事，由此启发人们运用声电变换装置，实现汽车的自动驾驶。

（四）符号类比

符号类比是指利用语言、词和概念这座"储藏库"进行类比，通过玩弄概念，打开思路。它不是与具体事物进行类比，而是与概念进行类比。符号类比法就是将待解决的问题与符号进行类比，从而获得新思路的方式方法。

在生活当中，最重要的符号就是语言概念，所以与符号进行类比，可以理解为与语言概念进行类比，有些语言概念是指实的，比如"虫子"与"帕丁顿折叠翻滚桥"，这里的"虫子"指实的语言概念，将桥与虫子这个概念进行类比，就有了伦敦这座能够像虫子一样自动蜷缩起来折叠翻滚桥，这种类比其实与直接类比接近，但它不是与某种具体的虫子进行类比。该桥由 Thomas Heatherwick 设计，每周五的正午 12 点准时打开，12 米长的桥身由八段钢架构成，平时看起来就是一座普通钢结构人行桥，但在船只通过河面时，内部安置有液压油泵，驱使桥身完成蜷曲的动作，桥身可以卷起成圈状，以便船通过。不使用的时候可蜷曲成一个八角球形，方便搬运移动。

但是有一种语言符号是虚指的，没有实物与之对应，比如美丽，你可以说花是美丽的，也可以说人是美丽的、雕塑是美丽的、建筑是美丽的等等。

这种虚指的词，能够让人产生很多联想，比如温暖，可以联想到发光、羽毛、棉花、家、妈妈煲的汤、以温暖为主题的家具用品。看到这样一个抽象的概念，你能想到很多实际的物体或形象与之对应，从而启发你的思路。直接类比是具体到具体，而概念类比是从抽象到具体。

复杂的符号类比法就是通过双面神思维、浓缩矛盾等技巧，在抽象的语言（符号）与具体的事物之间反复建立新联系，从而从原有的观点中超脱出来，得到丰富、新颖的主意的方法。简单符号类比的对象是一个词，复杂符号类比的对象是一组词，而且是一组矛盾的词语。

符号类比运用了两面神思维，对立事物的结合预示着矛盾，而且是自相矛盾。在科学研究中，碰到这种矛盾对立的现象，却往往预示着将会有新的突破。比如"痛苦的微笑""笔直的弯曲""摇摆的稳定"，不是与一个词类比，而是与一组词类比，而且是一组对立的词，运用到两面神思维。

四、实践与思考

找找我们身边利用类比创新方法解决实际问题的案例，并与同学分享。

项目二　灵活运用综摄法

最有价值的知识是关于方法的知识。

——达尔文

综摄法是类比创新方法中的典型方法。作为一种创造技法虽然诞生于美国，但是早在 1921 年，中国著名的学者梁启超在《中国历史研究法》一文中，就提出过："天下古今，从无同铸一型的史迹，读史者与同中观异，异中观同，则往往得新理解焉。"这里讲的"同中观异，异中观同"正是综摄法的精髓，但它要比美国的康顿提出相类似的思想早三十年。

一、综摄法含义

综摄法是英文 Synectics 的译称，来源于希腊语，意思是把表面上不相关的各种不同的事物结合在一起。综摄法是指从已知的事物出发，将毫无联系的、不同的知识要素结合起来，从不同的角度分析未知的事物，从而使理想中的未知事物成为现实的过程。

综摄法最初是由美国创造学家威廉·戈登提出来的，后来乔治·普林斯同戈登一起共同研究，使综摄法得到进一步完善，成为理论性和操作性强的创造技法。运用综摄法，可以有效地实现从熟悉转向陌生。同时，在类比转换过程中，人对事物的认识就会处于一种模糊、童真的状态，就会自然地打破那种沉溺于分析或仅仅注意技术细节的靠常规方式解决问题的做法。这时，无须考虑任何想法在技术原理上是否正确，是否符合自然科学已经揭示的规律，暂时摆脱头脑中占主导地位的知识与经验，使之处于无拘无束的自由联想状态，在这种情况下，研究者长期储存在头脑深处的各种知识和各种信息，包括生物学知识、生活体验、耳闻目睹的事物、神话幻想，甚至一些感情上的因素，会自觉不自觉地涌现出来，跳跃性的思维发挥作用，这样就可以达到改变旧的思想，以全新的观点、全新的方式达到考察问题、研究问题的目的。

戈登认为，创造性地解决问题必须要经历两个阶段。一是变陌生为熟悉。人的机体和思维，在本质上都排斥任何陌生的东西。当遇到陌生事物时，总是设法将它纳入一个可以接受的模式中。通过把陌生事物和熟悉事物联系起来，把陌生的转换成熟悉的，人们就能逐渐了解这个陌生事物。在这个阶段，人们主要是了解问题，查明问题的主要方面以及各个细节，即当提出一个新问题时，借助于分析，设法将陌生的事物分解，尽可能地将之变为以前所熟悉的事物。

二是变熟悉为陌生。创造性解决问题的实质不是了解问题后用旧的方式来解决，而是以全新的方式、全新的角度去解决。因此，还需要将熟悉的事物再变为陌生的事物。变熟悉为陌生，就是有意识地用全新的方式方法分析和解决问题，将熟悉的事物看成不熟悉的，这样就会从许多新的角度，甚至要改变、逆转或转换通常那种给世人以可靠、熟悉的观察问题和解决问题的方式来看待事物或问题。变熟悉为陌生这一阶段对于创造更具启发性。因为对某一事物十分熟悉，也就说明你对这一事物的想法也固化了，要想对该事物提出新的看法，必须用陌生的眼光对其进行打量，跳出熟悉感，才能获得独特新颖的创新设想。

变陌生为熟悉才能启发我们以全新的方式、全新的角度去解决问题。人们对火星很陌生所以人们在认识火星时，会将之于地球进行比较，有没有水，有没有大气，有没有生命。例如，关于宇宙中到底有没有外星人、外星人长什么样的想法一直纠缠着人类。古今中外的地球人，按照自己熟悉的事物，建构出许多外星人的形象，比如古代有人将外星人描绘成水母的形状，现代人将其描绘成身材高大、长着三头六臂的巨人或者有硕大光脑袋、皱皮肤、凸眼睛的小个子等等。比如给老年人解释什么是 mp3 播放器，直接说它是小型收音机就行。

比如文化科技创新人才特点解析，花儿为什么在春天开放？海水为什么那么蓝？对某一事物十分熟悉也就说明你对某一事物的想法也固化了，要想对该事物提出新的看法，必须用陌生的眼光对其进行打量。

二、灵活运用综摄法的步骤

步骤1：组成综摄法小组

综摄法在集体创造活动中，需要一个专业小组来实施。这个小组一般由5～7人组成。要有一名主持人、一名专家、其余为各种学科领域的专业人员。

步骤2：提出问题

由主持人将事先预定的、想要解决的问题向小组的成员宣读。此前，小组成员并不知晓该问题。

步骤3：分析问题

由小组中的专家对提出的问题进行解释和陈述，使小组成员了解有关问题的背景等信息，使非专业人员对该问题有一个大致的理解。

步骤4：净化问题

小组成员围绕这一问题，运用直接类比、亲身类比、幻想类比、符号类比等方法展开联想，尽可能多地提出问题的解决方案。小组中的专家从较专业的领域，说出每个想法的不足之处，从中选择两到三个比较有利于问题解决的设想，达到净化问题之目的。

步骤5：理解问题——确定解决问题的目标

从所选择的设想中的某一部分开始分析，让小组成员从新的问题出发，展开联想，陈述观点，从而使小组成员理解解决问题的关键环节，并提出解决问题的目标。

步骤6：类比灵活运用

确定了解决问题的关键环节后，主持人要有意识地抛开原来的问题，把问题从熟悉的领域转到远离原来问题的领域，让小组成员发挥类比设想作用。从小组成员的类比中，再选出可以用于实现解决问题的类比，并对其进行分析研究，找出更详细的启示。

步骤7：适应目标

把从小组成员灵活运用类比过程中得到的启示，与在现实中能使用的设想结合起来，使之更好地适应目标，从而形成一种新颖独特的解决方案。

步骤8：方案的确定与改进

专家对于形成的方案进行反复的论证，并对其中的缺陷进行改进，直到取得满意的结果。

在运用综摄法时，不一定要完全按照以上8个步骤，关键是要灵活运用类比。

综摄法是一种团体创造技法，而且参与人员必须经过特定的培训并长期在一起合作，其核心就是直接类比、亲身类比、幻想类比、符号类比这四种方法。

在运用综摄法时，还有四个问题需要多加注意。一是在组建小组时，对小组成员要精挑细选。主持人和专家必须由合适的人担当，其他成员要具有不同的知识背景，同时要具有一定的隐喻能力、合作态度、冒险精神，这样才能开展大胆的类比设想，互相合作、集体攻关。二是对所要解决问题的陈述，不能太过详尽，以防止小组成员的思维受到限制，影响问题的深入讨论。三是在净化问题和确定解决问题的目标时，既要发扬民主，让小组成员充分讨论，尽可能多地提出设想；又要体现集中，由专家合理地挑出 2～3 个设想，选出的设想要新颖、独特。四是专家要发挥积极作用，要能及时发现有益的启示。

综摄法是一种以类比为纽带进行联想的,适用于集体创造的,针对已有问题进行的专业的、系统的创造技法,其核心是类比法。

三、思考原则

1. 异质同化

异质同化简单说来是指把看不习惯的事物当成早已习惯的熟悉事物。在发明没有成功前或问题没有解决前,它们对我们来说都是陌生的,异质同化就是要求我们在碰到一个完全陌生的事物或问题时,要用所具有的全部经验、知识来分析、比较,并根据这些结果,做出很容易处理或很老练的态势,然后再去用什么方法,才能达到这一目的。

2. 同质异化

所谓同质异化就是指对某些早已熟悉的事物,根据人们的需要,从新的角度或运用新知识进行观察和研究,以摆脱陈旧固定看法的桎梏,产生出新的创造构想,即把熟悉的事物当成陌生的事物看待。

四、实施要点

1. 讨论时最好开始先不公布议题,到有人涉及时再提出来,以有利于与会者灵感的相互激发。

2. 这种方法不追求设想的数量,它在于设想的质量和可行性。

3. 人格性的模拟一般不易做到,因此必须集中精力。

4. 想象性和象征性的模拟方式。这两种模拟的思考方针要从"问题在童话、科幻小说中,会变成什么样呢?"的疑问开始寻求答案,这样才能符合两大原则。

五、实践与思考

老人辛苦操劳了一辈子，身体时不时有个头疼脑热的，需要吃药调理治疗，但是又经常忘记吃哪些药物，每种药物的用量是多少。组建一个综摄法小组，发挥集体的智慧为他们解决这个问题。

项目三　用好其他类比创新方法

我们不但要提出任务，而且要解决完成任务的方法问题。

——毛泽东

一、引申类比型技法1——原型启发法

它是指通过观察找到原型，在原型的引发下，产生创新设想的技法，它是一种最为笼统的类比方法。能够起启发作用的事物叫作原型。

特点：不是有意为之乃偶尔得之；描述性强，操作性差；强调启发有时结果与原型毫不相似，甚至反差很大，原型的作用仅仅是由此想到而已。

原型可以来自生活、生产和试验。如鱼的体型是创造船体的原型，飞鸟是世界上第一架飞机的原型，带齿小草是鲁班发明锯的原型。原型启发是科学创造中一个十分有用的方法。

回顾尼龙搭扣的发明过程我们可以发现，乔治·德梅斯特拉尔在对大蓟花进行详细研究之前，并没有发明尼龙搭扣的设想，而且，他也不是为了发明尼龙搭扣而刻意寻找到大蓟花，另外，尼龙搭扣和大蓟花也不是严格地具有相似性。

运用原型启发法进行发明创造的例子还有很多。比如，澳大利亚运动员舍里尔有一次发现一只袋鼠起跳之前总是屈身下蹲，腹部贴近地面，然后一跃而起。袋鼠的起跑姿势启发了他，他想到如果人也像袋鼠那样蹲下去再跃起，一定也会像袋鼠那样产生更大的爆发力。于是，舍里尔发明了与袋鼠相

似的蹲式起跑，改变了过去赛跑一直使用站式起跑的老方法，并在1896年的奥运会短跑比赛中取得了优异成绩。后来，蹲式起跑方式也一直沿用至今。

二、引申类比型技法 2——移植法

移植法是指将某个领域的原理、技术、手段、方法、结构或功能引用和渗透到其他领域，用以创造新事物的方法。

侧向移植：先有一个待解决的问题，然后寻找移植物。

侧向外推：先有一个移植物，将其试探性地推广到其他领域，以引发创造。

英国剑桥大学教授贝弗里奇说："移植是科学发展的一种主要方法。大多数的发现都可应用于所在领域以外的领域，而应用于新领域时，往往有助于促成进一步的发现。重大的科学成果有时来自移植。"戒指代表着独一无二的爱，而指纹是独一无二地，将指纹移植到戒指中，创造独一无二的戒指。

与原型启发法相比，移植法是更为具体的类比，其发明物与原型之间的相似之处更为明显。而且发明者在运用移植法之前有明确的目标（即要移植的指向），它的特点是从目标出发来寻找被移植的对象。所以移植往往不是先有原型，然后使人受到启发或让人模拟的，而是先有问题，然后带着问题去寻找原型，并巧妙地将原型应用到所要解决的问题上来。

美国一家制糖公司，每次往南美洲运方糖，糖都受潮，损失很大。公司里的一位工人据说受到轮船上有通风洞的启发，建议在方糖包装盒的角落里戳个针孔使之通风，以达到防潮的目的。这个建议的成功使他获得了一百万美元的嘉奖。钻小孔还能用在哪儿呢？日本盛行一时的"香扣子"出口贸易，就是因为有人发现，在妇女的衣扣上开个小洞注入香水，香水不但不易散失，而且"永远"香味扑鼻。美国的一家飞机制造公司也尝试着在飞机的机翼上钻了无数微孔，结果发现，微孔可吸附周围的空气，消除紊流，从而大大减小空气的阻力。他们据此做出样机后，发明了可节油40%的飞机。这些成果都是将"小孔"这个附加物附加在不同主体上产生的效果。在无目的创造时，我们也可以尝试将一些简单的附加物附加到不同的主体上，看看能否产生神奇的效果。

三、引申类比型技法 3——仿生法

仿生法是指通过模拟生物的结构、功能或原理等而进行发明创造的方法。我们今天所处的环境和所用的一切技术物，都可以被视为人工自然，在建造人工自然的过程中人类遇到了很多麻烦，而天然自然进化了几十亿年，解决了很多问题。

与生物构成的天然自然相比，人创造的人工自然——技术，却只有短暂的历史，人们在有些技术上所遇到的困难或问题，生物界早就在进化过程中妥善地解决了。生物独特的特点和功能，加上人类的创造功能和技术手段，使得人们借鉴生物来解决大量的技术难题或创造出更新的技术成为可能。

学习蜥蜴尾巴对身体平衡的控制。蛇类、蚂蚁甚至蚱蜢的身体后端一直是机器人科学家的灵感源泉。美国加利福尼亚大学伯克利分校的生物学家罗伯特·J·福尔和他的同事，将目光转向了红头非洲飞龙蜥蜴。他在 2012 年 1 月 12 日发表于《自然》杂志上的一篇论文里，描述了他们如何通过仔细研究飞龙蜥蜴在湿滑表面上的跳跃动作，来寻找改进机器人设计的灵感。

利用高速摄影和动画捕捉，可以看到当飞龙蜥蜴从一个长方形的平台跳到竖直表面上时，是如何通过抬高尾巴，来解决足部在湿滑表面上抓力不足的问题。如果平台覆盖有砂纸，蜥蜴就不需要努力保持平衡，它的尾巴在跳跃过程中就会一直保持向下。

福尔和同事将蜥蜴"翘尾巴"的技能应用到了一个小型的机器人四轮车 Tailbot 上。研究人员给车辆尾部加装上一个稳定"尾巴"后，再让它从斜坡上驶下。当尾巴向下时，Tailbot 会向前栽倒；而当尾巴像飞龙蜥蜴那样翘起来时，机器人就能根据掉下斜坡时的姿态，以更加平衡的姿势用轮子着地。目前，他们正在研究尾巴在控制机器人翻滚、俯仰和偏移上的作用。

人类生而依赖自然，对自然充满了好奇和探索，各种各样的科技成果是人类探索自然的鉴证。科技发展史就是人类探索自然奥秘的历史。

高中时我们就学过太阳系是什么时候诞生的、距今大约多少年，那地球呢？如果把 45 亿年比作一天 24 小时的话，人类诞生于何时呢？23 点 58 分 35 秒。

人类的诞生已经是非常晚的一件事了，那大家知道生命是什么时候诞生的吗？25 亿年前。

仿生学于 1960 年前后形成，使得仿生不仅仅是一种技法，而是一种科学，吸引着科学家与工程技术人员携手共同合作。目前，已形成的仿生学分支有电子仿生、机械仿生、化学仿生、建筑仿生、人体仿生、分子仿生、宇宙仿生等多种。利用仿生法做出的仿生发明也极为繁多，大型飞机、轮船、导弹、鱼雷仿照海洋生物的流线型身体以减少阻力；潜水艇利用压载水舱模仿色织控制沉浮；声呐系统模仿蝙蝠、海豚的回声定位。此外，蛙跳雷达、电光鹰眼、鱼眼瞄准器、响尾蛇导弹定位器、电子警犬、生物地震预报仪、人造丝、生物膜、袋鼠跳跃机、企鹅型极地汽车、恐龙钻头、叶式浮桥、蜂窝状建筑、人工智能装置等发明都是仿生类比的结果。仿生可以打开生物界这个丰盛的技术源泉，使发明成果达到更高水平。

四、实践与思考

复杂符号类比练习：发明和设计一种新式的桥。

（一）参考步骤：

第一步，什么动物、植物会架桥？

第二步，分析它们架桥的方法。

第三步，用对立矛盾的词来形容这一过程。（构思几个对立矛盾的词）

第四步，选择其中一组词，由这组词产生新的联想，还有什么事物符合这组词所描写的状态。

第五步，在词语与具体事物之间的不断类比中找到灵感，发明一种新桥梁。大胆运用，不要怕荒唐。

第六步，修改、完善设想，使设想变得可行。

我们可以直接从第三步开始，凭空构思几个对立矛盾的词，然后选中其中的一个，由这个词再构思具体的事物，在词与具体事物之间的类比过程寻找设计桥的灵感。因为凭空构思几个对立矛盾的词，可能和设计新桥的这个出发点比较远，为了拉近词和桥的距离，我们一般会选择从直接类比出发。

（二）参考案例

第一步，什么动物或植物会架桥？联想到猴桥，众多猴子互相抱紧，从一棵树到另一棵树，那么由一只猴子来采集树冠边的水果时，就可便利地享受水果。

第二步，分析它们架桥的方法。众多猴子头尾相连，形成链条，解决空间的局限。

第三步，用对立矛盾的词来形容这一过程。"费劲的便利"：猴子搭桥很费劲，但采水果很便利。

第四步，通过"费劲的便利"想到更多同时具有这样对立性质的事物。

第五步，由鲸鱼的大嘴想到发明一种汽车桥。在各辆汽车前后都装上凹凸装置，能使很多车连成一条长龙，具有不弯曲、不打折的整体效果。这样在过河和过洼地时，就由后面轮子着地的汽车来推动前面的汽车。前面的汽车到了彼岸后，又用拉力把后面的汽车拉过去。

注意事项：相同的事物联想到的词不一定一样，相同的词联想到的事物也不一定一样。整个过程不是一个逻辑推理的过程，而是希求在词语和具体事物的反复类比中找到创造新事物的灵感。有的同学会问：为什么鲸鱼张大嘴就想到了汽车桥？这不是个逻辑推理的过程。你也可以想到别的，重点是从这个过程中获取解决问题的灵感。

第六步，修改设想。

第七步，把设想画出来或做出模型。如浮桥，形成一个比较完善的方案。

单元七

创新驱动创业

🔊 单元导入案例

《三国杀》创始人黄恺：创新也是一种幸福

风靡全国，中国最成功的桌游《三国杀》，其创始人黄恺正是一位标准的大学生创业者。他设计的《三国杀》技能及系统可谓经典，集历史、娱乐、平衡于一体，开创了这一款潜力无限的桌游，继而发展为桌游、页游、手游全方位立体的《三国杀》。2012 年 2 月，《福布斯》中文版首度推出"中美 30 位 30 岁以下创业者"名单，他以《三国杀》游戏创始人身份名列中国榜。

黄恺与他的三国杀桌游

图片来源: http://www.87g.com/zixun/62904.html

黄恺 2004 年考上中国传媒大学动画学院游戏设计专业，与许多"80 后"

男生一样，谈起小时候玩过的游戏，他如数家珍。但与同龄人不同的是，黄恺从小就不满足于遵循游戏的既有规则，而是对游戏进行改造，想方设法地在游戏中展现自己的想法，使其更具可玩性。他说自己从小就不喜欢被动："玩游戏如果只是跟着它的设定去玩，那会觉得很被动，我不喜欢那种感觉，所以会去自己设计。"读大一时，黄恺接触了在国外已经有五六十年发展历史的桌游，加上当时国内非常流行"杀人游戏"，他就有了自己的想法：设计一款"不插电"的游戏，让人面对面交流，而不是像电子游戏一样紧握鼠标、盯着屏幕。于是他花了一个晚上的时间，借用一款名叫"三国无双"的日本游戏的图片，用电脑重新制作，并根据三国人物的性格，制定了游戏的规则。第二天他拿到打印店打印出来，这就是"三国杀"卡牌最初的"胚子"。在以后的3年多时间里，从重新设计图画到修订游戏规则，这套卡牌被不停地改版。

2008年1月，即将毕业的黄恺和朋友杜彬一起成立了全国首家桌游公司游卡桌游，并担任首席设计师。这家创立时只有3个人5万元的公司，在三年后发展到了上百人数千万元的规模。2009年6月底《三国杀》成为中国被移植至网游平台的一款桌上游戏，2010年《三国杀》正版桌游售出200多套。粗略估计，《三国杀》迄今至少给黄恺带来了几千万的收益，并且随着《三国杀》品牌的发展，收益还将会继续增加。黄恺"三国杀"的成功就是创新驱动创业的一个典型案例。

项目一　创新是创业的基石

创业门槛不高，就怕你不创新。

——重庆力帆集团创始人　尹明善

一、创业类型的分类

按照不同的标准，我们可将创业分成不同的类型。了解创业类型是为了在创业决策中做比较，选择最适合自己条件的创业类型。创业类型可以从动机、渠道、主体、项目、风险和周期六个不同的角度进行分类。

（一）按动机角度分类

从动机角度出发，创业一般可分为机会型创业与就业型创业。

1.机会型创业

机会型创业的出发点并非谋生，而是为了抓住、利用市场机遇。它以新市场、大市场为目标，因此能创造出新的需要或满足潜在的需求。机会型创业会带动新的产业发展，而不是加剧市场竞争。比如超级课堂的联合创始人杨明平在2010年抓住线上教育即将流行的趋势，果断进入在线教育领域，创建超级课堂（Super Class）。2012年销售规模就达到3500万人民币，年复合增长速度超过280%。

杨明平与他的好莱坞大片式的网络互动学习超级课堂

图片来源: http://www.87g.com/zixun/62904.html

2. 就业型创业

就业型创业的目的在于谋生, 为了谋生而自觉地或被迫地走上创业之路。这类创业大多属于尾随型和模仿型, 规模较小, 项目多集中在服务业, 并没有创造新需求, 而是在现有的市场上寻找创业机会。由于创业动机仅仅是为了谋生, 往往小富即安, 极难做大做强。

(二)按建立渠道分类

按照新企业建立的渠道, 可以将创业划分为自主型创业和企业内创业。

1. 自主型创业

自主型创业是指创业者个人或团队白手起家进行创业。自主型创业充满挑战和刺激, 个人的想象力、创造力可得到最大限度的发挥; 有一个新的舞台可供表现和实现自我; 可多方面接触社会、各种类型的人和事, 摆脱日复一日单调乏味的重复性劳动; 可以在短时期内积累财富, 奠定人生的物质基础, 为攀登新的人生巅峰做准备。

自主型创业有许多种方式, 但是, 大体上可以归纳为如下几种方式:

其一，创新型创业。创新型创业是指创业者通过提供有创造性的产品或服务，填补市场需求的空白。联邦快递公司的创立者、总裁弗雷德在耶鲁大学读书时，提出一个超越传统上通过轮船和定期的客运航班运送包裹，建立一个纯粹的货运航班，用以从事全国范围内的包裹邮递的设想。1973年他在父亲的支持下正式成立联邦快递，以其无可比拟的航空路线权以及强固的信息技术基础设施，在小件包裹速递、普通递送、非整车运输、集成化调运系统等领域占据了大量的市场份额，使其成为全球快递运输业泰斗，并跃入世界500强企业。

联邦快递的货运飞机

图片来源：https://wl.qjy168.com/offer/52240811.html

其二，从属型创业。从属型创业大致有两种情况：一是创办小型企业，与大型企业进行协作，在企业整个价值链中，做一个环节或者承揽大企业的外包业务。这种方式能降低交易成本，减少单打独斗的风险，提升市场竞争力，且有助于形成产业的整体竞争优势。二是加盟连锁、特许经营。利用品牌优势和成熟的经营管理模式，减少经营风险。如麦当劳等。

其三，模仿型创业。根据自身条件，选择一个合适的地点和进入壁垒低的行业，学着别人开办企业。这类企业投入少，并无创新，在市场上拾遗补阙，但逐步积累也有机会跻身于强者行列，创立自己的品牌。中国的互联网公司基本上都是模仿国外的模式，腾讯也不例外。腾讯正是靠模仿国外的ICQ起家的。当年同行的很多优秀公司已经步入历史，腾讯成为中国市值最大的互联网公司。腾讯创业之初危机重重，不模仿一些已经证明成功的业务就活不下来。直到今天，腾讯身上依稀可见数家互联网公司的痕迹。

腾讯靠模仿型创业坚强地活了下来

图片来源：https://wl.qjy168.com/offer/52240811.html

2. 企业内创业

企业内创业是进入成熟期的企业为了获得持续的增长和长久的竞争优势，为了倡导创新并使其研发成果商品化，通过授权和资源保障等支持的企业内创业。每一种产品都有生命周期，一个企业在不断变化的环境中，只有不断创新，不断将创新的成果推向市场，不断推出新的产品和服务，才能跳出产品生命周期的怪圈，不断延伸企业的生命周期。成熟企业的增长同样需要创业的理念、文化，需要企业内部创业者利用和整合企业内部资源创业。

国内最大的住宅开发企业万科提出的"小草计划"就是典型的企业内创业。万科近年来不断向商业、养老、度假、社区运营等新业务进军，但上述业务对于帮助万科打造城市配套服务生态系统似乎并不足够，如何在保持高效管理的前提下去推动更多的新业务？万科的答案是，鼓励员工在万科的生态圈内创业。

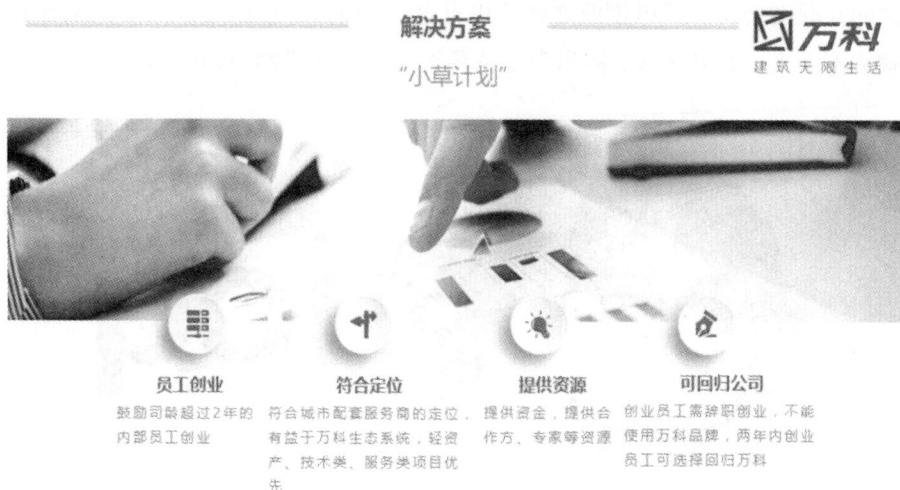

万科提出的"小草计划"

图片来源：https://wl.qjy168.com/offer/52240811.html

企业内创业是动态的，正是通过二次创业、二次创业乃至连续不断地创业，企业的生命周期才能不断地在循环中延伸。

（三）按创业主体分类

按创业主体分类，创业可以分为大学生创业、失业者创业和兼职者创业。

1.大学生创业

大学毕业后自主创业，可独立创业，也可合伙创业；可干所学专业的，也可干非所学专业的，这在今天已较普遍。自主创业的目的并非以挣钱为主，而是不愿替人打工，受制于人，是干自己想干的事，体现自我人生价值。

独立创业是指创业者独立创办自己的企业。个人独立创业也成为一种很平常的现象。独创企业的特点在于产权是创业者个人独有的，相对独立，而且产权清晰，企业利润归创业者独有。企业由创业者自由掌控，创业者按自己的思路来经营和发展自己的企业，无须迎合其他持股者的利益要求及其对企业经营的干扰。但是，独创企业需要创业者面临独自承担风险、创业资金筹备比较困难、财务压力大和个人才能的限制等约束。

合伙创业是指与他人共同创办企业。与独创企业相比，合伙创业有以下几个优势：一是共担风险；二是融资难得到缓解；三是有利于优势互补，形成一定的团队优势。不利因素有：一是易产生利益冲突；二是易于出现中途退场者；三是企业内部管理交易费用较高；四是对企业发展目标可能有分歧。

2.失业者创业

不少失业者也通过自身努力，成了创业的佼佼者。这类创业大多选择服务行业，投资少，回报快，风险低。比如，北京的月嫂服务就是失业工人开创的，市场非常巨大，十分适合有生活经验的中年妇女。

3.兼职者创业

如大学教授中有一部分就是兼职创业者，尤其是从教于艺术专业的，自己建立公司，对外招揽生意。也有一些硕士生、博士生在读书期间就为导师打工做项目。

(四)按创业项目分类

按创业项目分类，创业大致可以分为传统技能型、高新技术型和知识服务型三种。

1. 传统技能型

选择传统技能项目创业将具有永恒的生命力，因为使用传统技术、工艺的创业项目，如独特的技艺或配方都会拥有市场优势。尤其是酿酒业、饮料业、中药业、工艺美术品业、服装与食品加工业、修理业等与人们日常生活紧密相关的行业中，独特的传统技能项目表现出了经久不衰的竞争力，许多现代技术都无法与之竞争。

伊飞湘绣的工艺品

图片来源：http://image.baidu.com/search/detail?

如湖南长沙的伊飞湘绣，将千年的湘绣历史、数百年的家族工艺、数十年对现代湘绣的理解，凝聚在方寸之间，从而为古老的湘绣赋予了时代的翅膀，成为名副其实的湘绣世家。

2. 高新技术型

高新技术项目就是人们常说的知识经济项目、高科技项目，知识密集度高，带有前沿性、研究开发性质。高新技术企业的标准有四条：一是知识密集、技术密集。二是大专学历人员占职工总数的30%以上，且研究开发人员占10%。三是高新技术产品研究开发费用占总收入3%以上。四是技术性收入与高科技产品产值总和占企业总收入 50% 以上。

3. 知识服务型

当今社会，信息量越来越大，知识更新越来越快。为了满足人们节省精力，提高效率的需求，各类知识性咨询服务的机构会不断细化和增加，如律师事务所、会计师事务所、管理咨询公司、广告公司等等。知识服务型项目是一种投资少、见效快的创业选择。剪报创业就是一种知识服务型创业。北京有人创办剪报公司，专门为企业剪报，把每天主要媒体上与该企业有关的信息全部收集、复印、装订起来，有的年收入达 100 万元且市场十分稳定。

（五）按创业风险分类

按创业风险分类，创业大致可以分为依附型、尾随型、独创型和对抗型创业。

1. 依附型创业

依附型创业可分为两种情况：一是依附于大企业或产业链而生存。在产业链中确定自己的角色，为大企业提供配套服务。如专门为某个或某类企业生产零配件或生产、印刷包装材料。二是特许经营权的使用。如肯德基，利用品牌效应和成熟的经营管理模式，减少经营风险。

2. 尾随型创业

尾随型创业即模仿他人创业，所开办的企业和经营项目均无新意，行业内已经有许多同类企业，新创企业尾随他人之后，"学着别人做"。尾随的第一个特点是短期内不求超过他人，只求能维持下去，随着学习的成熟，再逐步进入强者行列。尾随的第二个特点是在市场上拾遗补阙。不求独家承揽全部业务，只求在市场上分得一杯羹。

3. 独创型创业

独创型创业可表现在诸多方面，归结起来，集中在两个层面：一是填补市场需求内容的空白。二是填补市场需求形式的空白。前者是经营项目具有独创性，独此一家，别无分店。大到商品独创性，小到商品的某种技术的独创性。如生产的洗衣粉比市场上卖的环保性好且去污力强，这就属于商品的某种技术的独创性。独创性也可以表现为一种服务，如搬家服务过去是没有的，改革开放后，搬家服务已形成市场，谁先成立搬家公司，谁的创业就具备独创性。当然，独创型创业有一定的风险性，因为消费者对新事物有一个接受的过程。独创型创业也可以是旧内容新形式，比如，产品销售送货上门，经营的商品并无变化，但扩大了服务方式，从而更具竞争力。

4. 对抗型创业

对抗型创业是指进入其他企业业已形成垄断地位的某个市场，与之对抗较量。这类创业必须在知己知彼、科学决策的前提下，决心大，速度快，把自己的优势发挥到淋漓尽致，把自己的劣势填平补齐，抓住市场机遇，乘势而上，避开市场风险，减少风险损失。东方希望集团就是对抗型创业的成功典型。20 世纪 90 年代初，面对外国饲料厂商进入中国市场，大量倾销合成饲料，东方希望集团建立西南最大的饲料研究所，一起步就定位于与外国饲料争市场。

（六）按创业周期分类

按创业周期划分，创业可分为初始创业、二次创业与连续创业。

1. 初始创业

初始创业是一个从无到有的过程。创业者经过市场调查，分析自己的优势与劣势和外部环境的机遇与风险，权衡利弊，确定自己的创业类型，履行必要的法律手续，招聘员工，建立组织，设计管理模式，投入资本，营销产品或服务，不断扩大市场，由亏损到盈利的过程就是初始创业。同时，初始创业也是一个学习过程，创业者往往边干边学。在初始创业阶段企业的死亡率较高，风险来自多方面，有时甚至会出现停止是死、扛下去可能有生路，总之要承受更大的心理压力和经济压力。所以，初始创业要尽量缩短学习过

东方希望集团

图片来源：http://dy.163.com/v2/article/detail/DVAP9VOR0530OU0Q.html

程，善用忠实之人，减少失误，坚持到底。

2.二次创业

传统的观念认为，新建企业为创业，老企业只存在守业问题，不存在创业问题。所谓"创业难，守业更难"，是一种小农意识，在当代社会，特别是进入知识经济时代，业是守不住的，纵然是存在银行里的钱，也可能贬值或遭受金融危机的洗劫。所以，创业是个动态的过程，伴随着企业全部的生命周期。企业的生命周期分为投入期、成长期、成熟期和衰退期四个阶段。创业者表现最明显的是在投入期和成熟期，没有投入期，就没有创业；成熟期不再次创业，企业就会死亡。成熟期再创业的，就是二次创业。它对企业的生存和发展有着举足轻重的作用。

北京的电冰箱、洗衣机企业在全国曾经有过辉煌的历史，海尔冰箱、洗衣机只是白菊、雪花的"小兄弟"。但二次创业中，北京家电业没有迈过去，最后消亡了，而只有海尔在张瑞敏的率领下成功地进行了二次创业，并成为

雪花冰箱在二次创业中最终败给了海尔

图片来源：http://www.track – roller.com/jiadian/tr_yegngu.html

海尔企业集团。

二次创业的目的是使企业不要进入衰退期，恒久地保持成长期和成熟期的良好状态，彰显出长久的竞争优势。靠什么呢？靠新技术、新产品和新服务。在企业成长期结束、成熟期开始时，就要进行二次创业，就要投入新产品（包括新技术和新服务）。老产品处于成熟期，新产品处于投入期；老产品进入衰退期，新产品进入成长期，这样就能保证企业生命不衰，青春常驻。

3. 连续创业

创业其实是沿着一条哲学法则运行的。创业型，体现的是从无到有，"有"要完成它的生命周期四个阶段，这四个阶段是由生到死的阶段，如何不使其死？唯一的办法是嫁接生命，把企业生命由原来所系的产品（或服务、技术）嫁接到另一种新产品（或新服务、新技术）的生命也是有限的，这就需要三次创业，三次嫁接。进入第三次创业的企业往往有了较大的实力和规模，抗风险能力比较强，而且经过三次创业的企业，不少走向了分权化、集团化，企业在市场东方不亮西方亮，黑了南方有北方，达到"三生万物"的境界。

二、创新与创业的关系

创业的本质是把握机会，使得资源整合和再创造，创新的本质是推陈出新，从某种意义上讲，创业和创新是一对孪生兄弟，创业因创新而生，创新因创业而得以实现，两者是相互关联，密不可分的。

（一）创业的本质是创新

无论是小本生意还是互联网创业，本质都是创新，加入不一样的因素。比如，从电话和短信到之后的语音和视频聊天软件，是不同时间段上的创新；从网购到团购，是不同维度上的创新，能够满足不同人群或者同一人群的不同需求。

以拼单和低价为表面特征的拼多多模式曾被业内称为"消费降级"或者"五环内看不懂的电商"，然而拼多多创始人黄峥自创业开始，就毫不动摇地走上了这条关注最广大人群购物需求、满足最广大人群"消费升级"愿望的道路。事实证明，依靠着可能被传统互联网忽视的"五环外"市场，拼多多成功了。

拼多多拼客模式的创新

图片来源：https://v.GODloveworld.com/shi-589578271094011645.html

（二）创新促进创业

无论是哪一种意义上的创新，需要把它转化为实际的产品、技术或服务等形式，才能真正地为人所用。古今创意想法有很多，但是真正留存下来、得以传播的，往往是一些具有现实意义的东西。

创新的本质不是技术，不是工具，也不是操作，创新对创业者来说是一种概念，是一种意识，更是一种行为方式。创新的前提是创意，创新的延续是创业。比尔·盖茨曾经这样阐述创意："创意犹如原子裂变一样，只需一盎司，便可带来无以计数的商业效益。"爱因斯坦说："我们所面对的重要问题，是无法在我们思考和创意的相同层次上获得解决的。"所以创意和创新不能从根本上解决问题，唯有通过创业的途径才能使创意和创新落到实处。

所以，无论是创业还是创新，都是以人为基础、以改变为本质、以运用为目的的。缺乏创新，就不会有新企业的诞生和小企业的成长壮大，所以说创新是创业的基石，创业推动着创新。

知识拓展

小米靠什么成功？

雷军40岁建立小米，依靠创新生产销售模式，两年半就让小米做到了中国第一，成立9年就成功跻身于世界500强企业，成为最年轻的世界500强企业，这在中国商业史上前所未有。有人说，小米的成功是靠营销和运气。但关于小米的成功，至今大多数人看到的依然只是表面，小米当年的爆发，其实是模式创新带来的结果，根本不是所谓的"饥饿营销"。

雷军当年要做手机的时候，他没有客户、也没有用户，但是他自己就搭建出一个基于安卓做系统优化的网站，并在各大论坛里面3C数码板块注册了很多的马甲发评论、发帖子，和其他人成为朋友，并将其拉到MIMU论坛里。最重要的是，雷军把这些人按照归属地分类。

雷军在每个城市创建MIMU同城会，每个月至少要在一个城市开一场同城会，大家都是手机发烧友，都很喜欢刷机和新款的3C数码产品。大家聚

雷军出席小米 Note 发布会

图片来源：https://www.sohu.com/a/329885210_100272654

在一起谈天说地，你想要什么样的手机，你对你的手机功能有哪点不满。

小米用了 3 年的时间在全国建立同城会，聚集了百万的忠实会员，雷军本人就通过粉丝同城会，见过数以万计的粉丝。

于是当雷军推出第一款小米手机时，10 万台手机瞬间被抢光。

雷军背后有 100 万有需求的真实用户，卖了 10 万台，这个转化率只是 10%，真的不算高，所以小米的成功并不是因为运气太好，而是模式的创新带来的必然结果。虽然后来出现很多产品模仿小米，但是他们并没有领会到小米成功起家的本质，总在故弄玄虚，原因就是雷军那 3 年做 MIMU 系统的经历，他们是不知道的。

试想，如果没有 MIUI 系统，或者他们没有发展出那一群"发烧友"，小米又怎么可能成长得这么快！

很多"创业者"一直在模仿"成功者"，但是这些后来者却一直没能居上，很多品牌都只是昙花一现。原因就是他们只看到了"成功者"的成功，却很难看到"成功者"背后一直在坚守的"创新精神"。

项目二 成长在创业路上

"创业，其实就是想做事，想做实事，但不一定是什么惊天动地的事，而是把自己的事做好，一点一滴积累，到一定程度就是大事了。在创业途中，一个人的知识、经验、能力、资本并不重要，敢想敢做是创业的前提，拥有超人的胆略才能在创业路上乘风破浪。创业者还要有一定的境界和高度，要考虑团队、行业、社会的关系，没有这样的高度，就不能与时俱进。"

——苏宁电器董事长　张近东

创业是一件既花费时间与金钱，还要耗费精力的事情。因此，我们在创业的路上一定要有规划，一旦开始，就要把它作为一项自己的终身事业来经营。

一、创业的基本要素

创业是指承担风险的创业者通过寻找和把握创业机会，投入已有的技能知识，配置相关资源，创建新企业，为消费者提供产品和服务、为个人和社会创造价值和财富的过程。创业的基本要素一般包括创业机会、创业团队和创业资源等三个方面。

（一）创业机会

创业机会主要是指具有较强吸引力的、较为持久的有利于创业的商业机会，创业者据此可以为客户提供有价值的产品或服务，并同时使创业者自身获益。个人投资创业要善于抓住好机会，把握住了每个稍纵即逝的投资创业机会，就等于成功了一半。而我们怎样才能发现创业的机会呢？创业机会主要来源于以下几个方面：

1. 问题

创业的根本目的是满足顾客需求。而顾客需求在没有满足前就是问题。寻找创业机会的一个重要途径是善于去发现和体会自己和他人在需求方面的问题或生活中的难处。比如，上海有一位大学毕业生发现远在郊区的本校师生往返市区交通十分不便，创办了一家客运公司，就是把问题转化为创业机会的成功案例。

2. 变化

创业的机会大都产生于不断变化的市场环境，环境变化了，市场需求、市场结构必然发生变化。著名管理大师彼得·德鲁客将创业者定义为那些能"寻找变化，并积极反应，把它当作机会充分利用起来的人"。这种变化主要来自产业结构的变动、消费结构升级、城市化加速、人口思想观念的变化、政府政策的变化、人口结构的变化、居民收入水平提高、全球化趋势等诸方面。比如人口因素变化，可以带来以下一些机会：a. 为老年人提供健康保障用品；b. 为独生子女服务的业务项目；c. 为年轻女性和上班女性提供的用品；d. 为家庭提供文化娱乐用品。再比如居民收入水平提高，私人轿车的拥有量将不断增加，这就会派生出汽车销售、修理、配件、清洁、装潢、二手车交易、代驾等诸多创业机会。

3. 创造发明

创造发明提供了新产品、新服务，更好地满足顾客需求，同时也带来了创业机会。比如随着电脑的诞生，电脑维修、软件开发、电脑操作的培训、图文制作、信息服务、网上开店等等创业机会随之而来，即使你不发明新的东西，你也能成为销售和推广新产品的人，从而给你带来商机。

4.竞争

如果你能弥补竞争对手的缺陷和不足，这也将成为你的创业机会。看看你周围的公司，你能比他们更快、更可靠、更便宜地提供产品或服务吗？你能做得更好吗？若能，你也许就找到了机会。

5.新知识、新技术的产生

新知识、新技术、新兴行业发展的空间巨大，为了方便广大投资者，许多电视栏目也会向大家推荐一些项目，那些被中央电视台展播的行业或者项目优势都比较大。例如随着健康知识的普及和技术的进步，围绕"水"就带来了许多创业机会，上海就有不少创业者加盟"都市清泉"而走上了创业之路。

（二）创业团队

创业团队是一个特殊的群体，是由两个或两个以上具有共同的创业理念、价值观和创业愿景，相互信任，为了共同的创业目标，团结合作，共同承担创建新企业责任而组建的工作团队。这种集体不同于一般意义上的社会团体，它存在于企业之中，因创业的关系而连接起来却又超乎个人、领导和组织之外。一个优秀创业团队具有以下基本因素：一个胜任的团队带头人；彼此十分熟悉，能够相互很好地配合的团队成员；创业所必需的足够的相关技能。腾讯创造出奇迹靠的是团队。1998年的秋天，马化腾与他的同学张志东"合资"注册了深圳腾讯计算机系统有限公司。之后又吸纳了三位股东：曾李青、许晨晔、陈一丹。这五个创始人的QQ号是从10001到10005，为避免彼此争夺权力，马化腾在创立腾讯之初就和四个伙伴约定清楚：各展所长、各管一摊。

（三）创业资源

创业资源是指新创企业在创造价值的过程中需要的特定资产，包含有资金、技术、个人魅力、人脉、渠道等，它是新创企业创立和运营的必要条件。

CTO（首席技术官）张志东

CIO（首席信息官）许晨晔

COO（首席运营官）曾李青

CEO（首席执行官）马化腾

CAO（首席行政官）陈一丹

腾讯创业团队

图片来源：http://image. baidu. com/search/detail？https://baijiahao. baidu. com/s？id = 1593253883151720001&wfr = spider&for = pc

1. 资金

资金是指创业者进行创业时，全部的资本投入。包括创业者能力提高的就业培训、店铺租赁、店面装修、店面展示商品所需资金以及数量不等的流动资金。创业资金来源主要是三种：一是自筹资金，包括自己的储蓄或者向亲朋好友借贷所得资金；二是社会筹资，通过提供高价值的固定抵押物，向银行等金融机构贷款；三是国家资金扶持，例如有的省份凡自主创业并正常经营 6 个月以上的高校毕业生可向当地人社劳动部门申请一次性创业补助。

2. 技术

年轻人创业可以依靠技术，掌握了技术资源就可以很好地变现，围绕这项技术让自己获得更多的价值，吸引更多优秀的人加入。技术创业分为多种层次，不同的层次之间差异巨大。

（1）技术改进型（低风险型）：流程或工艺上的改进，拿现在火热的人工智能来说，大部分公司技术上没有什么本质区别，同类型同业务算法上的差距没有显著区别，几个百分点而已，要不是跟着这场资本热，大部分都没法活，这种技术创业速度反馈周期快，失败风险低，当然收益也相对较小，在这个技术迭代迅速的今天，想用时间的堆砌来实现差距的鸿沟显然是可能性较低的。

（2）自主业务应用型（中等风险）：把现有技术综合起来运用到特定的领域之中，做的是技术的整合，举个例子，一家做初高中在线教育的公司，投入资金做特定领域的自然语言处理，如用在高中数学和物理问题解决的智能搜索上，然后自己依靠这个核心技术使得自己的产品拥有其他人所不具备的用户价值，从而获取市场。

（3）业务结合型（中高等风险）：自己的产品和服务是其他企业技术调用对象，别人通过你的产品或服务使得成本显著降低或是实现更好的用户体验，例如 RapidAPI，这是家专做接口调用的公司，用他的产品和服务，你调用各种人工智能 API 就只需要极少甚至不要代码就能实现，能帮公司节省极多的时间，省时间省的不只是钱，因此大家都愿意用。所以这一种要做好还是要看清楚自己能为自己服务的 B 端提供多大的价值，你能帮他省多少成本并且实现本质上的产品质量提升。

（4）本质上的技术突破（高风险）：这种一般都是世界顶尖高校里的科研成果转化成产品，为此创业团队可能会在几年内都默默无闻，直到产品面世。

SK–Ⅱ是日本贵妇级的化妆品牌，它最有名的就是明星产品"神仙水"了。它独有的酒精味或者是唾液味其实是酵母成分 Pitera 的味道，它最强大的功能就是调节油脂分泌，调整皮肤角质层，被很多油性皮肤者称为"油皮亲妈"，很多油性皮肤就是经过"神仙水"的调理慢慢变成中性皮肤的。"神仙水"一瓶卖到一两千块，为什么卖这么贵？因为别人造不出来啊，两个科学家研究了 5 年才最终完成了配方，说白了它就是米酒酿造时从酒糟提取出来的一种成分。糯米酿酒成本才多少？一小瓶卖一两千简直是暴利产品，这就是技术壁垒。

大名鼎鼎的 SK－II"神仙水"

图片来源：https://www.sohu.com/a/220175909_167861

3. 个人魅力

这一点很重要，创业要想成功，创始人很关键，要想创业，需要修炼自己的魅力，吸引更多的人才加入，有了人才就有了竞争力，就可以让自己的创业之路更顺利一些。人才团队资源会让自己的创业项目更加完整，也可以帮助自己的创业项目增加更多的价值。

4. 人脉

宽广而有效的人脉资源会让你的创业更容易一些，包括自己的父母兄弟、自己的亲戚朋友等，都可以变成自己的人脉资源。在创业的过程中，人脉资源会起到十分关键的作用。

5. 渠道

在新时代的今天，有很多人都在创业，尤其是以大学生为主力，大学生创业已经随处可见，不管是学校还是社会都比较认可他们。大学生创业不仅给自己带来锻炼，还能带动整个社会的发展，为中国注入新的活力。那么，大学生可以通过哪些渠道实现创业梦想？

（1）网络创业

有效利用现成的网络资源。网络创业主要有两种形式：网上开店，在网上注册成立网络商店；网上加盟，以某个电子商务网站门店的形式经营，如利用母体网站的货源和销售渠道。

（2）加盟创业

分享品牌金矿，分享经营诀窍，分享资源支持，采取直营、委托加盟、特许加盟等形式连锁加盟，投资金额根据商品种类、店铺要求、加盟方式、技术设备的不同而不同。

（3）兼职创业

即在工作之余再创业。如何选择兼职创业：教师、培训师可选择兼职培训顾问；业务员可兼职代理其他产品销售；设计师可自己开设工作室；编辑、撰稿人可朝媒体、创作方面发展；会计、财务顾问可代理做账，理财；翻译可兼职口译、笔译；律师可兼职法律顾问和事务所；策划师可兼职广告、品牌、营销、公关等咨询；当然，你还可以选择特许经营加盟、顾客奖励计划等等。

（4）团队创业

具有互补性或者有共同兴趣的成员组成团队进行创业。如今，创业已非纯粹追求个人英雄主义的行为，团队创业成功的概率要远高于个人独自创业。一个由研发、技术、市场融资等各方面组成，优势互补的创业团队，是创业成功的法宝，对高科技创业企业来说更是如此。

（5）大赛创业

即利用各种商业创业大赛，获得资金提供平台，如 Yahoo、Netscape 等企业都是从商业竞赛中脱颖而出的，因此也被形象地称为创业孵化器。如清华大学王科、邱虹云等组建的视美乐公司，上海交大罗水权、王虎等创建的上海捷鹏等。

（6）概念创业

即凭借创意、点子、想法创业。当然，这些创业概念必须标新立异，至少在打算进入的行业或领域是个创举，只有这样，才能抢占市场先机，才能吸引风险投资商的眼球。同时，这些超常规的想法还必须具有可操作性，而非天方夜谭。

（7）内部创业

内部创业指的就是在企业公司的支持下，有创业想法的员工承担公司内部的部分项目或业务，并且和企业共同分享劳动成果的过程。这种创业模式的优势就是创业者无须投资就可获得很广的资源，这种树大好乘凉的优势成为很多创业者的青睐方式。

创业资源有很多，如何有效地利用，主动权在自己手中。如果你对创业有想法，你想通过创业干出一番事业来，那么你就需具备以上创业资源的一种或者几种，掌握机遇，只要你敢想肯干，创业成功只是时间的问题。

二、创业者的基本素质与能力要求

创业是一种劳动方式，是一种需要创业者运营、组织、运用服务、技术、器物作业的思考、推理和判断的行为。创业活动是由创业者主导和组织的商业冒险活动，要成功创业，不仅需要创业者富有开创新事业的激情和冒险精神、面对挫折和失败的勇气与坚韧以及各种优良的品质素养，还需要具备解决和处理创业活动中各种挑战和问题的知识和能力。

（一）创业者应具备的心理素质

1.选择的智慧

文学家路遥曾经说过一句话，不管是对人生，还是对创业，都是非常实用的，他说：人的一生要做许多选择，但紧要处，就那么几步。选择你要什么，一开始不必把事情想得太大，你只需要一个很小的想法，一个朴素但是能做下去的想法，就可以开始去做这个事情。但是需要强调的一点是，你的想法要与你的兴趣相关，就是说除了一个相对低的心理起点外，你还得有持续做这件事情的动力。如果这两样你都有了，另外你还要有点某种行业或者产业优势，那么你已经具备了一个相当可观的创业条件。

2.大胆说不的勇气

有人说，一个CEO最重要的素质是要懂得说不，没错，创业也是一样的。你们一帮人沿着一条路走了很久，发现虽然还能走下去但没前途了，但是大家已经投入大量的心血，放弃实在太痛苦了。怎么办？作为一个带头人，你要做的就是果断的决定，放弃掉这个CASE，然后从头开始。否则你们只会在错误的路上越走越远。

选择放弃还是坚持，这要看你们创业的初衷。跟随着你的心走，倾听你内心的想法，它想要干什么就去干什么好了。也许你今天可以赚二十万三十万，但这不是你的目标，你没法做想做的事，那就赶紧决断。不要浪费时间，因为你浪费的不只是时间和精力，还有机会成本，你可能会错过你真的想要做的事。

（二）创业者应具备的身体素质

创业与经营是艰苦而复杂的，创业者工作繁忙，时间长，压力大。如果身体素质不好，必然力不从心，难以承受创业重任。身体是完成一切任务的基础，只有拥有良好的身体素质，才能使人心胸宽广、拥有一往无前的魄力。如果想创业，就必须要有一个健康的身体。要在日常生活中注意锻炼身体。要锻炼好身体，关键在于要有坚强的意志和坚持不懈的毅力。

（三）创业者应具备的能力要求

1.专业技术能力

专业技术能力是创业者掌握和运用专业知识进行专业生产的能力。专业技术能力的形成有多条途径：一是在学校里从书本上学到的理论知识；二是请创业成功者做专题报告；三是利用项目教学法进行专业技术培训；四是利用现代信息技术搜集有关创业专业技术的知识。平时注意积累，分类做好记录，如创业计划书的撰写、融资知识、如何选定行业、如何确定产品等等。

2.社会交往能力

社会交往能力是指能够妥善地处理与公众之间的关系，以及能够协调下属各部门成员之间关系的能力。每个人的交往能力是不同的，但只要在职业实践中刻苦努力，交往能力不但可以获得发展和提高，还有可能挖掘出潜能。交往能力是通过参加各项活动、游戏、联欢会、演讲比赛等形式逐步培养起来的。与同事和谐相处，互帮互助，善于团结一切可以团结的人，会使自己的交往能力逐步提高。

3.决策能力

决策能力是创业者根据主客观条件，正确地确定创业的发展方向、目标、战略以及具体选择实施方案的能力。决策是一个人综合能力的表现，一个创业者首先要成为一个决策者。创业者要考察众多的行业及产品，对创业的行业及产品进行分析、判断，去粗取精，去伪存真，由此及彼，由表及里，能从错综复杂的现象中发现事物的本质，找出存在的问题，分析原因，从而正确解决问题。这就要求创业者具有良好的分析能力，同时还要有判断能力。判断是分析的目的，良好的决策能力是良好的分析能力和果断的判断能力的综合。通过分析判断，提出目前最有发展前景和将来大有发展潜力的行业，决定创业的行业和产品。

4.经营管理能力

经营管理能力涉及人员的选择、使用、组合和优化，也涉及资金聚集、核算、分配、使用、流动。经营管理能力是一种较高层次的综合能力，是运筹性能力。经营管理能力的形成要从学会经营、学会管理、学会用人、学会理财几个方面去努力。

5.创新能力

创新能力是人们应用发明成果开展变革活动的能力，这个变革活动是指包括从产生新思想到产生新事物再到将新事物推向社会使社会受益的系列变革活动。创新是一个民族进步的灵魂，是一个国家兴旺发达的不竭动力，也是一个政党永葆生机的源泉。创新是一种企业行为，也是一种个人行为。对创业者来讲，创新能力的培养和提高，首先要突破习惯，即自己要拿出勇气，突破原有的思维习惯、行为习惯和消极的文化氛围的束缚，坚持以新的思维、积极的行为来对待生活。其次要进行社会实践锻炼，要具体剖析企业内部的组织、技术、产品和经济等因素的构成及效能，在努力实施解决问题的方案与措施的过程中提高创新能力。

6. 经济与管理能力

创业者不仅要精通本专业的知识，更需要具备经济头脑和管理素质。科技必须应用于生产，生产出的产品或服务必须适应市场需要。在这一过程中，开发、生产和销售必须符合市场原则和机制，创业企业才有生存和发展的可能，这必然涉及资源配置、预测决策、经济分析、经济核算、成果转让、成本费用等一系列经济问题。同时，在激烈的市场竞争中，企业目标是要追求利润最大化，在这一目标引导下，企业不仅要靠产品、技术来追求效益、更要靠科学管理来提高效率，正所谓"管理出效率"。因此，创业者必须掌握现代管理的理念和方法，能从系统整体观念出发，统筹、协调、控制和优化各项资源。

7. 认知法律条款的能力

市场经济本质上就是法律经济。随着市场经济的逐步成熟与完善，法律规范已经渗透到了经济领域生产、交换、分配、消费的各个环节和层面。加入 WTO、与国际市场接轨、风险投资、企业股份制改造、法人治理结构的建立以及各类新型市场的培育与发展都离不开法律，具备法律素质、懂法并善于用法已是人才素质结构中不可或缺的重要元素。创业者必须熟悉和了解市场、社会和企业等内外部环境的法律法规及其运行机制，更为重要的是，要能以法律为武器，规范自己和企业的行为，保护自己和企业的合法权益。

很多人把别人的成功看成机遇。机遇只降临给有准备的人，现今相当一部分有志青年、刚毕业的大学生希望自主创业，并积极参加社会上的各类培训，将自己的目标一天写10遍，贴在墙上时时鼓励自己等。这些心理激励固然重要，但在社会这个大舞台上比拼的是能力、是素质，而并非仅仅是热情。总之，"磨刀不误砍柴工"，如你还没准备好，请将自己有限的时间安排好，把自己的创业基础能力提升上来，建立个人的核心竞争力，只梦想和空想是达不成目标的，不具备素质与能力就去创业，那社会上只会又多一个失败者。

三、创业项目的选择

在就业形势愈加严峻的情况下，很多大学毕业生开始选择创业。而创业的首要任务就是创业项目的选择，是创业中最难，也是最关键的一步。选择项目就是选择创业方向，很大一部分人创业失败是由于项目选择错误所致。大学生在选择项目时往往带有很大的盲目性，容易跟风，挑一些目前最流行最赚钱的项目，没有经过任何评估，就仓促开业，也不管是不是自己熟悉的行业，适不适合自己创业。选择合适项目的重要性还体现在可以充分发挥大学生在专长、资源、人脉等方面的优势，在同类型的创业项目中取得竞争优势，减少创业中的阻力，提高创业的成功率。

(一)大学生创业项目选择的影响因素

大学生正处于从理论到实践、从求知到创业的重要转折时期，在创业项目的选择过程中，会受到个人性格、专业特长、外部环境等3方面的影响。

1.个人性格

创业者的性格会决定其行为特征，不同性格的大学生创业者选择的创业项目也不尽相同。大学生的性格普遍分为外向型、内向型和复合型三种，他们的优缺点、适合项目的选择如下表所示：

性格类型	外向型	内向型	复合型
优点	思维敏捷，善于交际、环境适应能力强	遇事喜欢思考，有充分的耐心，具有创业者所需的持之以恒的精神，忍耐力和承受力较好	一般办事认真，周到稳妥，决策果断，善于应变，具有较强的人格魅力，善于维护和扩展人脉资源，不惧挫折和困难，具有较强的战略眼光
缺点	遇事容易冲动、性子急，深入思考不足	容易钻牛角尖，优柔寡断，人际交往和接受新事物能力较差，对新环境的适应能力不够	容易自大，缺少亲和力
适合项目	适合选择需要经常与人打交道的项目，如服务行业、教育行业、公关策划等方面的创业项目	避开那些经常与人打交道的项目，选择生产型和服务型的创业项目	选择一些发展前景较好，处于高速成长期的行业项目

2. 专业特长

大学生创业选择与自己专业相关的项目，可以充分发挥自己的专业优势，提高创业的成功率。大多数大学生倾向于选择与自己的专业和专长相关的创业项目或会根据父辈的工作、社会关系和家庭经济状况来综合考虑。

3. 外部环境

对大学生创业者而言，影响和改变外部环境不太可能，因此，大学生创业者应对环境进行分析，在选择创业项目时尽量适应环境。文化环境会对创业项目的市场需求产生影响，因此，大学生在选择创业项目时，尽量选择符合当地文化的产业；政策环境对大学生选择创业项目的影响是显著的，政策给予扶持或税收减免的行业是大学生创业项目的首选，如环保行业、高科技行业等等；大学生在选择创业项目时，不可避免会受到外部经济环境的影响，如国家的宏微观经济形势、创业所在地区的经济状况、消费者的可支配收入等因素。除此之外，还有技术环境、行业环境、竞争环境等。

（二）大学生创业项目选择的原则

1. 要有创新性

创业投资不能盲目地投资，它对项目可行性的要求近乎苛刻。如果一个创业计划立意平平、没有什么独特和创新之处，是不值得投资的。

2. 要有市场前景

创业项目一般而言要有良好的市场前景，现在一般的风险投资基金和"孵化器"所感兴趣的项目主要有网络技术、软件信息、新材料、新能源、机电一体化、节能领域、生物医药及精细化工等，这些项目有技术含量，而且发展前景也较好。

3. 要符合产业政策

我国目前还处在工业化程度逐步加深的阶段，为了不落后于发达国家，国家大力扶持发展高科技产业，给予政策和经济上的帮助。如果一个创业项目符合国家的产业导向，它成功的机会将会大大提高，反之则很容易夭折。

（三）大学生创业项目选择的依据

由于大学生创业者群体的特殊性，适合大学生的创业项目要尽量能够发挥大学生的优势，在选择创业项目时，优先考虑以下7个方面：

1. 优先考虑政策优惠的创业项目

为了鼓励大学生创业，各级政府和行政主管部门都出台了一系列的优惠政策，有些是专门针对具体行业的，如大学生创业办信息业、咨询业、技术服务业的企业，可免征企业所得税两年等等。大学生创业者可以根据自身的实际情况，在这些可享受优惠的项目中找到适合自己创业的项目。

2. 优先考虑与自己所学专业有关系的项目

在每年组织的大学生创业大赛的项目当中，我们也会发现，很多学生的创业项目基本上都会和所学的专业有很大的相关性。这个也是很多大学生选择创业的一个重要原因，因为自己本来就是学的这个专业，自己也是从事所学的专业领域。并且在自己所学的专业当中，有一定的技术含量，这个也是大学生选择以此作为自己的创业项目的原因。根据统计，选择自己所学专业进行创业最多的是师范类、计算机、美术、音乐、舞蹈、化工、生物、电子信息等专业的学生。因为这些专业在大学毕业之后基本上马上就可以进行实地操作，所以在选择上也比较对口。

3. 优先考虑技术性较低的项目

大学生创业者尽量避免一开始创业就进入高科技行业，高科技行业需投入大量的研发成本，对于资本金较少的创业者是难以实现的，所以大学生创业者可以选择技术性较低的行业做起，在积累了一定的资本后再考虑转入高科技行业。

4. 优先考虑处于成长期的项目

大学生创业者，在创业时也往往会去选一些刚开发出来的、毫无市场基础的项目，这样做会有很大的风险。选择一些处于成长期的项目，不仅能有效降低风险，而且可以获得相对较大的利润空间。

5. 优先考虑有特色的项目

别人没有的，与别人不同的，先于人发现的，比别人强的项目都可以归类为有特色的项目。特色项目除了可以避免陷入与同类型的竞争者同质化的困境，还可以提升产品的辨识度和认知度，拥有更高的定价空间。

6. 优先考虑初始投入资金较少的项目

大多创业的大学生都是利用父母亲友的资助和自己的一些积蓄作为启

动资金开始创业的，因此，大学生在刚开始创业时，应尽量选择初期投入少、资金周转快的项目，这样才能有充足的流动资金维持企业的运营。

7. 优先考虑雇佣人力较少的项目

大学生创业者普遍缺少实际的管理经验，如果一上手就开始管理很多的员工，往往会使企业内部管理混乱。因而没有管人经验的大学生，可以先选择创建几个人的小企业，积累管理经验，随着企业不断壮大，自然有能力管理更多的员工。

总之，大学生作为一个特殊的创业群体，具有自身独有的特点，在选择创业项目时，对创业项目的特点和大学生的特点了解得越清楚，创业成功的可能性也越大。特别是深入了解创业项目选择的影响因素的情况下，做好创业项目的选择，可以大大增加创业成功的可能性。

知识拓展

腾讯创业五虎上将

1998 年，辞职后的马化腾很快开始着手组建自己的团队，他首先想到的就是自己大学同学张志东，并得到了对方的积极响应。1998 年 11 月 11 日，在这个后来对互联网意义重大的特殊日子里，马化腾与张志东"合资"注册了深圳腾讯计算机系统有限公司。之后不久，腾讯又吸纳了三位股东：曾李青、许晨晔、陈一丹。为了避免合伙企业最容易出现的争夺权力现象，在腾讯创立之初，马化腾就和四个伙伴约法三章：各展所长、各管一摊，马化腾是 CEO（首席执行官），张志东是 CTO（首席技术官），曾李青是 COO（首席运营官），许晨晔是 CIO（首席信息官），陈一丹是 CAO（首席行政官）。

俗话说"一山不容二虎"，特别是在企业迅速发展壮大的过程中，要保持创始人团队的稳定合作往往更加困难，而腾讯却成功地做到了这一点，这在很大程度上要归功于计算机工程师出身的马化腾从一开始就对合作框架的理性设计。从腾讯最初的股份构成上来看，五个人一共凑了 50 万元，其中，

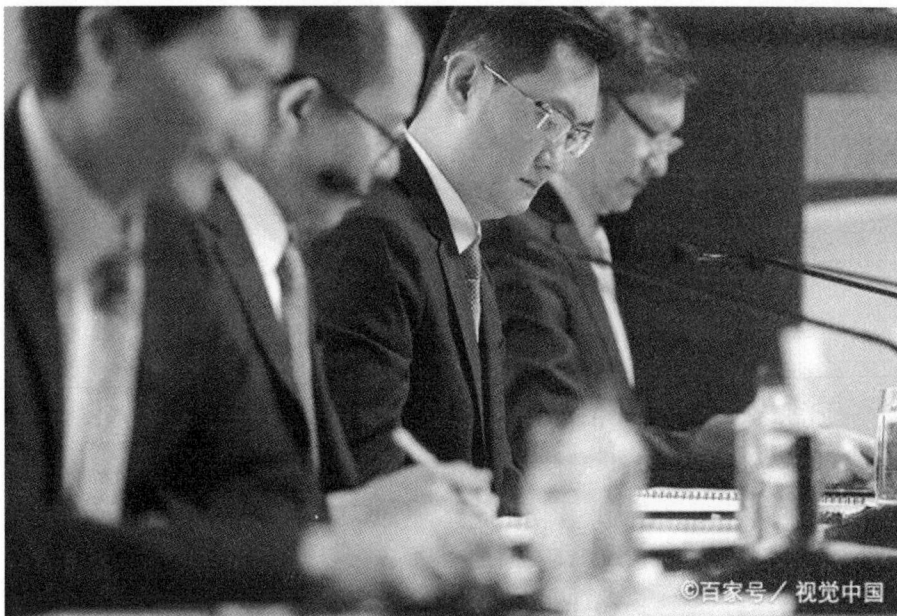

腾讯高管开会

图片来源：https://baijiahao.baidu.com/s？id=1603942913442359023&wfr=spider&for=pc

马化腾出资 23.75 万元，占 47.5% 的股份；张志东出资 10 万元，占 20% 的股份；曾李青出资 6.25 万元，占 12.5% 的股份；许晨晔和陈一丹各出资 5 万元，分别占 10% 的股份。虽然马化腾能够拿出更多的钱，但他却自愿将自己所占的股份降到一半以下，"要他们的总和比我多一点点，不要形成一种垄断、独裁的局面"。同时，马化腾自己又一定要出主要的资金，占大股。"如果没有一个主心骨，股份大家平分，到时候也肯定会出问题，同样完蛋"。

除了对合作框架的理性设计，腾讯创业团队保持稳定的另一个关键因素，在于彼此之间能够"合理组合"，且每一个人都有自己非常明显的优势，马化腾自不用多说，我们来分别了解一下其他四人。

技术天才张志东

张志东性格和马化腾比较像，都十分低调，相比马化腾，张志东更少见于公众场合。张志东是一个超级厉害的技术天才。在深圳大学求学期间，马化腾的成绩始终名列前茅，其计算机能力比起一些专业老师都毫不逊色，但成绩最拔尖的不是他，而是张志东，不仅如此，即便放大到当时深圳甚至全国计算机发烧友的圈子里，张志东都是人中翘楚。凭借着丰富的理论知识和多年的技术积累，张志东在腾讯公司的技术水平始终都属于顶级，即便腾讯的对手们，也都钦佩不已。QQ 最初的架构设计就是张志东来主导完成的，而这个架构目前还在使用，可见张志东的技术实力。除了拥有令人尊敬的技术水平外，张志东低调的作风也为业内人士称道，尽管手握数百亿的财富，但在物质上却追求极低，多年来一直保持着非常质朴的生活习惯。

营销干将曾李青

李华是腾讯创业初期对外招聘的第一个外地大学生，2000 年，他从湖南某大学计算机系毕业后进入腾讯，内部编号 18 号。据李华回忆，他第一次见到马化腾本人的时候，心中很是吃惊，在他看来，马化腾更像一位学长而非老板，他当时甚至认为，腾讯的另一位创始人曾李青才是真正的大老板。

其实，这也怪不得李华，从外表上看，曾李青的确更有老板相，连马化腾都坦率承认："曾李青长得就像老板，出去别人握手都先跟他握，我的名片只写工程师，不敢写总经理，怕人家觉得你们这公司玄乎了。"这两个人虽然都是大高个子，但曾李青要富态很多，在穿着上更商务一些，在语言表达和人际沟通方面也比更擅长技术的马化腾强上一些。腾讯创立初期，曾李青主要负责市场开拓，是一位营销干将，腾讯最终能够成功在香港上市，曾李青在市场上的努力可以说是核心因素。不过，令人遗憾的是，在腾讯上市后不久，曾李青离开了腾讯，成为一名天使投资人，他也是腾讯创业"四大天王"中最早离开的一个。

"好好先生"许晨晔

许晨晔和马化腾、张志东同为深圳大学计算机系的同学，毕业后进修了南京大学计算机应用专业研究生，毕业后在深圳电信局数据分局工作。许晨晔是一个非常随和、有自己的观点但不轻易表达的人，是有名的"好好先生"。他最大的爱好是与人聊天，兴趣则多种多样。

在许晨晔极少的公开发言之中，有一段珍贵的讲话，谈的是他们是如何走到一起创业的。许晨晔笃定地说："虽然我们毕业之后接触并不太多，但是我们知道各自的风格，我虽然不知道要做的事情能到怎样的程度，但是我知道大家肯定是认认真真地去做，不会说是打打闹闹玩一会儿，做来做去没有下文的那种人，所以，这个事情我就值得参与。当时并没有其他特别的想法，就是觉得这个事情做了不会浪费时间。所以当时大家都很爽快地答应了。"

许晨晔是腾讯创业"四大天王"中目前唯一还留在腾讯的，腾讯官方对他的描述是："腾讯公司主要创办人之一，首席信息官，全面负责网站财产和社区、客户关系及公共关系的策略规划和发展工作。"

低调功臣陈一丹

陈一丹是马化腾的中学同学，也是深圳大学同学，不过他读的专业是化学系。在腾讯创业团队中，如果说马化腾和张志丹都是低调的人，那么陈一丹便是低调中的低调，任职腾讯15年的时间内，他几乎没有接受过一次媒体对他的个人专访。陈一丹在腾讯主要负责集团行政、法律、人力资源和公益慈善基金事宜，同时也负责集团的管理机制、知识产权、政府关系等。说到陈一丹对腾讯的贡献，马化腾的评价最为公允，他说："腾讯创业过程中缺少Charles（陈一丹英文名）不可能成功，他为公司的职能体系、价值观和文化建设和公益慈善事业的付出独一无二。可以说，Charles在腾讯完美地诠释了'首席行政官'的定义。"

2013年，陈一丹正式宣布卸任腾讯首席行政官（CAO），担任腾讯终身荣誉顾问。此后，陈一丹开始投身文化、公益及教育行业，被誉为"中国互联网公益教父"、"互联网公益第一人"。尤其值得一说的是，2017年5月，陈一丹还曾以年度捐赠23.7亿现金列福布斯中国慈善榜榜首。

事实证明：选择合理的创业模式，组建卓有成效的创业团队是创业成功的重要基础。创业团队工作绩效大于所有成员独立工作绩效之和。没有团队的创业也许并不一定会失败，但要创建一个没有团队而具有高成长性的企业却极其困难。

项目三　政策成就创业梦想

这个时代给了我们前所未有的机会。我们要抓住这个机会，要有梦想。但是，这个梦想要从做开始。

——搜狐公司董事局主席兼首席执行官　张朝阳

为支持大学生创业，近年来国家和各级政府出台了许多优惠政策，涉及工商注册、创业贷款、税收减免、创业培训、创业指导等诸多方面。对创业的大学生来说，了解掌握这些政策，对走好创业第一步有非常大的帮助。

一、工商注册

根据《中华人民共和国公司法》规定，注册公司时需要依法向工商行政管理机关申请设立登记，完成整个注册流程。公司注册登记项目包括：公司名称、法定代表人姓名、注册资本、地址、公司类型、经营范围、营业期限等。工商变更指的是一切信息登记完毕后，未经变更许可，不得擅自更改原本的信息，经营期间有信息变动的可向公司登记机关申请变更登记。

（一）优惠政策

1. 程序更简化

凡高校毕业生(毕业后两年内，下同)申请从事个体经营或申办私营企业的，可通过各级工商部门注册大厅"绿色通道"优先登记注册。其经营范围除国家明令禁止的行业和商品外，一律放开核准经营。

对限制性、专项性经营项目，允许其边申请边补办专项审批手续。

对在科技园区、高新技术园区、经济技术开发区等经济特区申请设立个体私营企业的，特事特办，除了涉及必须前置审批的项目外，试行"承诺登记制"。申请人提交登记申请书、验资报告等主要登记材料，可先予以颁发营业执照，让其在 3 个月内按规定补齐相关材料。凡申请设立有限责任公司，以高校毕业生的人力资本、智力成果、工业产权、非专利技术等无形资产作为投资的，允许抵充 40% 的注册资本。

2. 减免各类注册费用

除国家限制的行业外，工商部门自批准其经营之日起 1 年内免收其个体工商户登记费(包括注册登记、变更登记、补照费)、个体工商户管理费和各种证书费。对参加个私协会(个体劳动者协会、私营企业协会)的，免收其 1 年会员费。对高校毕业生申办高新技术企业(含有限责任公司)的，其注册资本最低限额为 10 万元，如资金确有困难，允许其分期到位；申请的名称可以"高新技术""新技术""高科技"作为行业予以核准。高校毕业生从事社区服务等活动的，经居委会报所在地工商行政管理机关备案后，1 年内免予办理工商注册登记，免收各项工商管理费用。

(二)注册流程

1. 所需资料

(1)公司名称：包含地区 + 名字 + 行业 + 类型，例如湖南鱼爪网络科技有限公司。

(2)经营范围：例如网络科技公司经营范围包含网络技术开发(不含限制项目)，计算机软件硬件的技术开发与技术服务，在网上从事商贸活动(不含限制项目)。

(3)注册资本：按照经营情况设置。例如科技类公司一般设计为 50 万元。

(4)注册地址：公司所在地区的详细地址。

(5)法人信息：公司法人代表的个人身份证信息。

(6)股东信息及出资：公司各股东的个人身份证信息及出资金额。

2. 申报流程

(1)完善资料：登录工商局网站，填写公司相关资料，然后耐心等待审核(1~2 天)。

(2)工商核名：由工商局网站检索是否有重名，同一地区同一行业是不可以重名的；不要取已经驰名的名称。如果没有重名，会核发"企业(字号)名称预先核准通知"。

(3)预约交件：在工商核名完成后，需要在工商局网上提交注册信息，并预约提交纸质材料时间，需要在规定时间现场提交纸质材料。

(4)提交材料：提交材料会当场进行审核，如果材料出现问题，根据地方规定不同，会出现以下几种情况：a.现场修改重新提交。b.现场重新预约提交时间，修改后重新约定时间提交。

(5)刻制公章：领到营业执照后(复印若干份，以后各环节都会用到)，就要到公安窗口备案然后找刻章公司刻公章、法人章、财务章，合同章视公司情况而定。

(6)办理执照：材料提交成功后，将由工商部门进行执照办理，带材料和公章到地税局或国税局办理税务登记。(有的地方需要材料多，如：会计证)

(7)银行开户：带以上所有材料、公章和手续费到银行开对公账户，银行任选。

(8)交三方协议、等待纳税：将从银行签署的文件交到税务部门，次月准备纳税。

二、创业贷款

创业贷款是指具有一定生产经营能力或已经从事生产经营活动的个人，

因创业或再创业提出资金需求申请，经银行认可有效担保后而发放的一种专项贷款。符合条件的借款人，根据个人的资源状况和偿还能力，最高可获得单笔50万元的贷款支持；对创业有一定规模或成为再就业明星的，还可提出更高额度的贷款申请。创业贷款的期限一般为1年，最长不超过3年。

（一）优惠政策

为了支持下岗职工创业和大学生创业，创业贷款的利率可以按照人民银行规定的同档次利率下浮20%，许多地区推出的下岗失业人员和大学生创业贷款还可以享受60%的政府贴息。

各国有商业银行、股份制银行、城市商业银行和有条件的城市信用社要为自主创业的毕业生提供小额贷款，并简化程序，提供开户和结算便利，贷款额度在5万元左右。贷款期限最长为两年，到期确定需延长的，可申请延期一次。贷款利息按照中国人民银行公布的贷款利率确定，担保最高限额为担保基金的5倍，期限与贷款期限相同。

（二）贷款流程

1. 大学生创业贷款申请要求

（1）大学生创业贷款申请者年满十八周岁，具有合法有效身份证明和贷款行所在地合法居住证明，有固定的住所或营业场所；

（2）大学生创业贷款申请者持有工商行政管理机关核发的营业执照及相关行业的经营许可证，从事正当的生产经营活动，有稳定的收入和还本付息的能力；

（3）大学生创业贷款申请者投资项目已有一定的自有资金；

（4）大学生创业贷款用途符合国家有关法律和银行信贷政策规定，不允许用于股本权益性投资；

（5）在银行开立结算账户，营业收入经过银行结算。

2.所需资料

（1）大学生创业贷款申请者及配偶身份证件（包括居民身份证、户口簿或其他有效居住证原件）和婚姻状况证明；

（2）大学生创业贷款申请者个人或家庭收入及财产状况等还款能力证明文件；

（3）大学生创业贷款申请者营业执照及相关行业的经营许可证，贷款用途中的相关协议、合同或其他资料；

（4）大学生创业贷款申请者担保材料：抵押品或质押品的权属凭证和清单，有权处分人同意抵（质）押的证明，银行认可的评估部门出具的抵（质）押物估价报告。

3.申请流程

（1）受理：申请人向大学生创业园管理服务中心提出申请，并提交相关申报材料，由大学生创业园管理服务中心进行初审；

（2）审核：对初审通过的商业贷款贴息对象及金额，由人事局会同财政局等有关部门按产业导向、企业规模、就业人数、注册资本和利税等要素对申请商业贷款贴息对象的资料进行审核，并核定贴息金额；

（3）公示：经评审通过的商业贷款贴息对象和贴息金额由人事局和申请人所在单位或社区进行公示，公示期为5个工作日；

（4）核准：经公示后无异议的，由人事局下发核准通知书；

（5）拨付：根据相关部门核准通知书，财政局在贴息对象提供付息凭证后从扶持大学生自主创业专项资金中拨付资助资金。

三、税收减免

大学生自主创业第三个受到关注的地方在于税务方面的问题。我国的税收项目比较多，除了企业必须要缴纳的国税、地税（现国税地税已合并）和所得税以外，根据企业所从事的不同行业还会有一些其他的税需要缴纳。

（一）大学生创业税收优惠政策

（1）凡高校毕业生从事个体经营的，自当地工商部门批准其经营之日起1年内免交税务登记证工本费（即免税）。

（2）新成立的城镇劳动就业服务企业（国家＊的行业除外），当年安置待业人员（含已办理失业登记的高校毕业生，下同）超过企业从业人员总数60％的，经相关主管税务机关批准，可免纳所得税3年。劳动就业服务企业免税期满后，当年新安置待业人员占企业原从业人员总数30％以上的，经相关主管税务机关批准，可减半缴纳所得税2年。

（二）具体不同的行业还有不同的税务优惠

（1）大学毕业生创业新办咨询业、信息业、技术服务业的企业或经营单位，提交申请经税务部门批准后，可免征企业所得税2年。

（2）大学毕业生创业新办从事交通运输、邮电通信的企业或经营单位，提交申请经税务部门批准后，第一年免征企业所得税，第二年减半征收企业所得税。

（3）大学毕业生创业新办从事公用事业、商业、物资业、对外贸易业、旅游业、物流业、仓储业、居民服务业、饮食业、教育文化事业、卫生事业的企业或经营单位，提交申请经税务部门批准后，可免征企业所得税1年。

有了众多免税的创业优惠政策扶持，广大自主创业的大学毕业生，在创业初期就能省下大量资金用于企业运作。

四、培训指导

企业运营管理方面的创业优惠政策相对于贷款优惠和税收优惠政策来说，并不受到大多数大学生创业者的关注，甚至有的自主创业大学毕业生根本不知道有这一优惠政策。其实，国家在这方面对于创业大学生也是有政策优惠的。

（一）员工聘请和培训享受减免费优惠

对大学毕业生自主创办的企业，自当地工商部门批准其经营之日起1年内，可以在政府人事、劳动保障行政部门所属的人才中介服务机构和公共职业介绍机构的网站免费查询人才、劳动力供求信息，免费发布招聘广告等。这一点有助于在创业初期获得相关行业所需求的人才资源。能够帮助自主创业的大学毕业生以最低代价，更容易地获取所需专业人才。参加政府人事、劳动保障行政部门所属的人才中介服务机构和公共职业介绍机构举办的人才集市或人才、劳务交流活动时可给予适当减免交费；政府人事部门所属的人才中介服务机构免费为创办企业的毕业生、优惠为创办企业的员工提供一次培训、测评服务。

（二）其他优惠政策

对自主创业的高校毕业生，政府人事行政部门所属的人才中介服务机构免费为其保管人事档案（包括代办社保、职称、档案工资等有关手续）两年。同时，社会保险参保有单独渠道。高校毕业生从事自主创业的，可在各级社会保险经办机构设立的个人缴费窗口办理社会保险参保手续。

以上大学生创业优惠政策是国家针对全国所有自主创业的大学生所制定的。同时，各地政府为了扶持当地大学生创业，也出台了相关的政策法规，更有针对性，更加细化，更贴近实际。例如西安市就成立了创业专家辅导团，在全市范围内招募具有社会责任感、有成功创业经验，愿意为大学生创办企业进行辅导的企业家作为志愿者，为大学生创业提供一对一或一对多的创业指导服务。在有条件的情况下，通过这些企业家为大学生创办企业提供上下游配套产品的支持合作，帮助其度过初创期。市政府可给企业家颁发荣誉聘书或授予荣誉称号，作为精神奖励。

成功案例：

碧根果如何成就了三只松鼠？

三只松鼠的创始人是章燎原。三只松鼠成立于2012年，但是章燎原的创业却不是从2012年开始，而是从18岁时的梦想开始的。他在做三只松鼠之前，在坚果行业内干了有十几年，对坚果行业了解深刻，他基于不变的农作物产量规律创造新的商业模式，造就了别人眼中"没经历什么风浪"的三只松鼠。

在2011年底，整个坚果市场开始供需不平衡，价格一路往下跌。章燎原选择了一款看似非主流的产品碧根果作为王牌。他囤积了很多碧根果，准备等价格回升的时候，用这个产品撬开整个坚果的电商市场。

三只松鼠的碧根果产品

图片来源：http://www.xici.net/iche/detail−1964755.html

到了2012年6月，此时坚果价格开始大幅回升，这时"三只松鼠"的店面也开始上线。但看到这次机会的不止他一个人，如何从如此激烈的竞争中脱颖而出？章燎原给团队支了一招——在包装上想办法。于是他们做了一款"碧根果"小包装，定价19.9元，全国包邮。就是这点不起眼的小创新，影响了整个坚果销售行业。

也正是这一款创新的产品奠定了三只松鼠的成功，19.9元打了半年，一直打到双十一、打到过年。这样就使"三只松鼠"占有了电商的坚果市场，这一款产品让他占据了食品、零食、坚果、碧根果四个大词的流量资源，只要搜这四个大词，他就是排名第一。

参考文献

图书

[1]王竹立. 创新思维训练教程[M]. 西安：电子科技大学出版社，2020.

[2]北京联合大学管理学院. 创新思维：基础、方法与应用 M]. 北京：清华大学出版社，2020.

[3]Devadas S, Guzman J, Kim Y E, et al. Malaysia's Economic Growth and Transition to High Income：An Application of the World Bank Long Term Growth Model（LTGM）[M]. The World Bank：2020.

[4]Cullen C. Method Matters：Underreporting of Intimate Partner Violence in Nigeria and Rwanda[M]. The World Bank：2020.

[5]Lai X D. Green Technology Innovations Development in China：Trend and Application[M]. Intech Open：2020.

[6]齐洪利，石磊，崔岩，等. 张国庆创新思维训练教程[M]. 北京：清华大学出版社，2019.

[7]Moiseeva T V, Smirnov S V. Principles of Managing the Process of Innovative Ideas Genesis [J]. 2019.

[8]胡飞雪. 创新思维训练与方法[M]. 北京：机械工业出版社，2019.

[9]Vogel T. 创新思维法：打破思维定式，生成有效创意(修订本)[M]. 北京：电子工业出版社，2019.

[10]吴兴华. 创新思维方法与训练[M]. 广州：中山大学出版社，2019.

[11]尹传红. 探索的足迹.[M]. 上海：上海科技教育出版社，2019.

[12]尹传红. 创新的力量[M]. 上海：上海科技教育出版社，2019.

[13]尹传红. 思想的锋芒[M]. 上海：上海科技教育出版社，2019.

[14]陈光. 创新思维与方法——TRIZ 的理论与应用[M]. 北京：科学出版社有限责任公司，2019.

[15]陈卓国. 创新思维与方法 [M]. 武汉：华中科技大学出版社，2019.

[16]时东兵，时迪芬，陈忠强. 创新思维与方法训练[M]. 上海：同济大学出版社，2019.

[17]格雷，布朗，马卡拉. 佛游戏风暴：硅谷创新思维引导手册[M]. 北京：清华大学出版社，2019.

[18]陈卓国. 创新思维与方法[M]. 武汉：华中科技大学出版社，2019.

[19]吕丽，流海平，顾永静. 创新思维：原理·技法·实训[M]. 北京：北京理工大学出版，2019.

[20]周苏. 技术创新方法[M]. 北京：中国铁道出版社，2018.

[21]周迪，周子容. 创新360°：轻松挖掘你的创意 M]. 北京：电子工业出版社，2018.

[22]师建华，黄萧萧. 创新思维开发与训练 M]. 北京：清华大学出版社，2018.

[23]周苏，张丽娜，陈敏玲. 创新思维与 TRIZ 创新方法 M]. 北京：清华大学出版社，2018.

[24]王万方. 创新思维与管理创新[M]. 北京：石油工业出版社，2018.

[25]张志胜，周芝庭，林琼. 创新思维的培养与实践[M]. 南京：东南大学出版社，2018.

[26]罗德·贾金斯. 学会创新——创新思维的方法和技巧[M]. 北京：中国人民大学出版社，2017.

[27]王中强，陈工孟. 创新思维与创业教育[M]. 上海：清华大学出版社，2017.

[28]蒋祖星. 创新思维导论[M]. 北京：机械工业出版社，2017.

[29]李兴森，张玲玲. 可拓创新思维及训练[M]. 北京：机械工业出版社，2016.

[30]徐斌，石丹阳. 人才创新思维[M]. 北京：中国人事出版社，2016.

[31]曾国平，曾经. 创新思维与创造力[M]. 重庆：重庆大学出版社，2016.

[32]程懋塑，周笋. 创新思维结构设计[M]. 北京：中国建筑工业出版社，2015.

[33]孙永伟，TRIZ[M]. 北京：科学出版社，2015.

[34]谢友柏，陈泳. 创新思维与现代设计[M]. 上海：上海交通大学出版社，2014.

[35]刘训涛. TRIZ 理论及应用[M]. 北京：北京大学出版社，2011.

[36]檀润华. TRIZ 及应用[M]. 北京：高等教育出版社，2010.

[37]桑永. 塑料材料与配方[M]. 北京：化学工业出版社，2009.

[38]杨清亮. 发明是这样诞生的[M]. 北京：机械工业出版社，2006.

期刊

[1]钱国林，陈伟元，李焱鑫. 新时代高职学生创新思维培养的研究[J]. 黑龙江教育(理论与实践)，2020(8)：13－15.

[2]孙国栋，刘寿臣. 论声乐教学中学生创造性思维的培养[J]. 当代音乐，2020(6)：31－32.

[3]严玉峰，韩建忠，赵文哲，等. 关于创新方法在甘肃省高等院校中进行推广应用的思考[J]. 科技与创新，2020(12)：145－147.

[4]吴燕春. 如何培养学生的发散性思维能力和聚合性思维能力[J]. 数学教学通讯，2020(21)：47－48.

[5]陈莲花. 数学教学中学生创新思维能力的培养[J]. 甘肃教育. 2020(1)：82.

[6]路云. 基于学科思维能力下的思辨课堂[J]. 思想政治课教学. 2020(4)：43－46.

[7]秦琴，贡和法. 精心设计教学，提升思维能力——以"社会主义市场经济"教学为例[J]. 江苏教育. 2019(35)：54－55.

[8]赵丹. 新时代法治思维融入大学生创新创业教育探析[J]. 现代商贸工业，2020，41(22)：88－89.

[9]陈雨康，乔玉洋. 音乐表演艺术的创造性思维及培养探讨[J]. 戏剧之家，2020(16)：50.

[10]杨霞，孙宁，张晴晴，等. 基于 TRIZ 矛盾分析理论的 PAMSZ 创新方法及其应用研究[J]. 科技创业月刊，2020，33(6)：147－153.

[11]刘晓瑾. 浅析大数据时代下电视新闻传播的创新策略[J]. 新闻研究导刊，2020，11(13)：159－160.

[12]吴希. 基于 STEAM 教育理念的课程整合与创新——以信息技术基础课程为例[J]. 湖北开放职业学院学报，2020，33(12)：141－142.

[13]李悦，葛祥. "三位一体、三创融合"的高职创新创业创造体系构建[J]. 高教学刊，2020(18)：36－38，42.

[14]郭愉勤. 浅谈设计素描教学中的创造性思维训练对绘画创作的启示[J]. 美术教育研究，2020(10)：107－108.

[15]徐创华. 浅论学生创造、创新能力的培养与教学方法的改革[J]. 学周刊，2020(15)：129－130.

[16]杨红燕. 基于知识主体价值创造的大学创新创业教育研究[J]. 现代商贸工业，

2020，41（13）：67 – 68．

[17]丁艺．基于三维形态设计的空间思维训练方法探讨[J]．美术教育研究，2020（11）：
56 – 57．

[18]钟玉长．如何在声乐教学中培养学生创造性思维[J]．北方音乐．2019
（24）：115 – 116．

[19]肖英群．声乐演唱与教学中的创造性思维研究[J]．艺术评鉴．2019（24）：87 – 89．

[20]金文中．大数据时代广电新闻编辑的发展与创新[J]．传播力研究，2019，
3（36）：175．

[21]谢卫红，林培望，李忠顺，郭海珍．数字化创新：内涵特征、价值创造与展望[J/
OL]．外国经济与管理：1 – 12[2020 – 07 – 15]．

[22]缪珂．自主品牌产品设计创新创业实践路径研究[J]．设计艺术研究，2019，9（06）：
76 – 82．

[23]王刚．加拿大大学教育特点对我国高校创新实践人才培养的启示[J]．白城师范学院
学报．2019（7）：70 – 73 + 79．

[24]陈小花．法治视域下大学生创业教育创新研究[J]．创新与创业教育．2019
（1）：26 – 29．

[25]丁洪福，赵丽洲，战颂．创新创业教育嵌入专业教育的人才培养模式改革研究——
基于市场营销专业的实践[J]．创新与创业教育．2019（6）：112 – 116．

[26]陈宏涛．高校创新创业教育与专业教育融合机制研究[J]．教育理论与实践．2019
（30）：9 – 11．

[27]关鑫．以矛盾视角探析高校创新创业教育与专业教学的融合[J]．教育理论与实践．
2019（24）：3 – 5．

[28]王秀芝，刘志强，吴祝武．创新创业与专业教育融合的国内外研究进展[J]．中国高
校科技．2019（4）：92 – 96．

[29]黄方悦．设计的情感与形式——符号论美学在设计中的运用[J]．美术大观．2019
（1）：110 – 111．

[30]肖静华，吴瑶，刘意，等．消费者数据化参与的研发创新——企业与消费者协同演化
视角的双案例研究[J]．管理世界．2018（8）：154 – 173 + 192．

[31]陈国青，吴刚，顾远东，等．管理决策情境下大数据驱动的研究和应用挑战——范式
转变与研究方向[J]．管理科学学报．2018（7）：1 – 10．

[32]戴亦舒，叶丽莎，董小英，等．CPS与未来制造业的发展：中德美政策与能力构建的

比较研究[J]. 中国软科学. 2018(2)：11-20.

[33]余江,孟庆时,张越,张兮,陈凤. 数字创新：创新研究新视角的探索及启示[J]. 科学学研究. 2017(7)：1103-1111.

[34]李林. 开启新时代中国特色社会主义法治新征程[J]. 环球法律评论. 2017(6)：5-29.

[35]陈丽. 创新创业背景下大学生安全法制教育路径探索[J]. 宁波教育学院学报. 2017(3)：58-59+104.

[36]黄小平. 院士科技创新素质结构及对创新人才培育的启示[J]. 苏州大学学报(教育科学版),2017,5(1)：105-113.

[37]赵慧臣,周昱希,李彦奇,等. 跨学科视野下"工匠型"创新人才的培养策略——基于美国 STEAM 教育活动设计的启示[J]. 远程教育杂志. 2017(1)：94-101.

[38]常雁来. 创意思维在设计素描教学中的探索与应用[J]. 艺术评鉴. 2017(5)：140-142.

[39]闫景丽,刘福华. 创新思维不断推进高职教育创新发展[J]. 大学教育,2017(01)：156-157.

[40]编者. 创新思维溯源[J]. 中国质量,2017(01)：48. [41]马庆峰. 基于创意思维培养的景观设计"课题式"教学内容初探[J]. 艺术教育,2017(Z1)：201-203.

[42]沈红. 如何运用课堂教学开拓艺术设计系学生的创新思维研究[C].《教师教学能力发展研究》科研成果集(第二卷).《教师教学能力发展研究》总课题组,2017：326-345.

报纸

[1]袁云才. 创新创造成就长沙的美好生活[N]. 长沙晚报,2020-07-08(02).

[2]徐江. 创新设计凝聚中国创造的力量[N]. 中国科学报,2020-07-08(01).

[3]濮轩理. 在创新创造中谱写濮阳绚丽篇章[N]. 濮阳日报,2020-06-24(01).

[4]本报评论员. 让创意创新创造的后浪奔涌不息[N]. 青岛日报,2020-05-09(01).

图书在版编目（CIP）数据

创新点亮艺术人生／周新娟，石颖主编. —长沙：
中南大学出版社，2020.8
湖南艺术职业学院公共课立体化规划教材
ISBN 978 - 7 - 5487 - 4098 - 8

Ⅰ.①创⋯ Ⅱ.①周⋯ ②石⋯ Ⅲ.①大学生－创业
－高等职业教育－教材 Ⅳ.①G647.38

中国版本图书馆 CIP 数据核字（2020）第 138939 号

创新点亮艺术人生
CHUANGXIN DIANLIANG YISHU RENSHENG

主编 周新娟 石 颖

□责任编辑	陈应征
□责任印制	易红卫
□出版发行	中南大学出版社
	社址：长沙市麓山南路 邮编：410083
	发行科电话：0731 - 88876770 传真：0731 - 88710482
□印　　装	长沙雅鑫印务有限公司

□开　　本	710 mm×1000 mm 1/16 □印张 13.75 □字数 218 千字
□版　　次	2020 年 8 月第 1 版 □2020 年 8 月第 1 次印刷
□书　　号	ISBN 978 - 7 - 5487 - 4098 - 8
□定　　价	39.80 元